Lars Ihlenfeld | Holger Kraus | Nele Trenner
Was Erzieher_innen wissen wollen

Lars Ihlenfeld | Holger Klaus |
Nele Trenner

Was Erzieher_innen wissen wollen

50 Fragen zu Rechten und Pflichten in der Kita

Die Autor_innen

Die Autor_innen sind die Kitarechtler, sie befassen sich seit Jahren ausschließlich mit allen rechtlichen Fragen und Problemen im Bereich der frühkindlichen Bildung. Dabei beraten und vertreten sie Träger von Kitas, Krippen und Horten, Tagespflegestellen sowie Erzieher_innen und Eltern.

Rechtsanwalt Lars Ihlenfeld hat bei der Gründung des Waldkindergartens in Berlin-Pankow für seine drei Kinder wichtige Erfahrungen in der Gründung und Führung von Kindertagesstätten gesammelt. Er ist gibt bundesweit Seminare rund um das Thema „Aufsichtspflicht" für Fachkräfte, Leitungen sowie Lehrer_innen an Berufsfachschulen und hat diverse Lehraufträge an deutschen Hochschulen. Seine besondere Leidenschaft gilt der Umsetzung inklusiver Kinderbetreuung.

Rechtsanwalt Holger Klaus ist zweifacher Familienvater, Gründungspartner der kitarechtler-Kanzlei und versierter Arbeitsrechtler. Mit den diversen Themen rund um die rechtlichen Fragen des Kita-Alltags ist er medial dauerpräsent und vermittelt überdies in zahlreichen Fortbildungen sein Wissen an Kitaleitungen, Erzieher_innen und Trägerverantwortliche.

Rechtsanwältin Nele Trenner ist Expertin für den Datenschutz in Kindertageseinrichtungen und ist externe Datenschutzbeauftragte zahlreicher Träger. In Mitarbeiterschulungen sowie Seminaren vermittelt sie die datenschutzrechtlichen Grundlagen für den Kita-Alltag. Darüber hinaus befasst sie sich intensiv auch mit allen anderen Aspekten des Kitarechts. Zusammen mit ihrem Mann ist Rechtsanwältin Nele Trenner begeisterte Halbmarathonläuferin.

Dieses Buch ist erhältlich als:
ISBN 978-3-7799-3942-9 Print
ISBN 978-3-7799-5201-5 E-Book (PDF)

1. Auflage 2019

in der Verlagsgruppe Beltz · Weinheim Basel
Werderstraße 10, 69469 Weinheim

Herstellung und Satz: Ulrike Poppel
Druck und Bindung: Beltz Grafische Betriebe, Bad Langensalza
Printed in Germany

Weitere Informationen zu unseren Autor_innen und Titeln finden Sie unter: www.beltz.de

Die Kita-Welt ist bunt, lebendig und so gut wie jeden Tag passiert etwas Neues. Aus diesem Neuen entstehen auch immer wieder neue rechtliche Probleme. Die Praxis ist eben doch der beste Lehrmeister. Daher hat sich dieses Buch auch ausschließlich an den konkreten Fragen aus dem Kita-Alltag orientiert und versucht, diese, natürlich rechtlich zutreffend, aber vor allem auch mit praktischen Hinweisen zu beantworten.

Die vorliegenden Fragen und Antworten erschienen über die letzten Jahre in der Kita-Zeitschrift *klein&groß – Mein Kita-Magazin*. Sie sind für dieses Buch noch einmal überarbeitet, auf den aktuellen Stand gebracht und – wo es erforderlich war – ergänzt worden. Alle Fragen kommen von Fachkräften, sind jedoch so verdichtet wiedergegeben, dass aus Frage und Antwort der größtmögliche Nutzen gezogen werden kann und keine Einrichtung „verdächtigt" wird, genau diese oder eine andere Frage gestellt zu haben.

Der Redaktion von *klein&groß* danken wir ausdrücklich dafür, dass sie uns all die Jahre ihr Vertrauen geschenkt hat, und für die Erlaubnis, die Beiträge für dieses Buch noch einmal zusammenzufassen und in neuer Form zu veröffentlichen. Auch zukünftig werden wir selbstverständlich in der *klein&groß* konkrete rechtliche Fragen von Erziehern, Kita-Leitungen oder Trägerverantwortlichen beantworten.

Bedanken möchten wir Autoren uns auch für all die spannenden Fragen aus der Praxis, die uns immer wieder erreichen, und den faszinierenden Austausch mit der bunten, wuseligen und manchmal – vor allem in rechtlicher Hinsicht – auch etwas unübersichtlichen Kita-Landschaft. Wir freuen uns, ein Teil dieser Welt zu sein, und geben uns alle Mühe, Sie, liebe Leserinnen und Leser, zum Wohle der Kinder und der frühkindlichen Bildung, wo auch immer wir können, zu unterstützen.

Unseren Familien und insbesondere unseren Ehepartnern gilt unser besonderer Dank für die Geduld beim Verfassen dieses Buchs. Ihr wisst schon: Es wird sicherlich das letzte sein …

Berlin und Hamburg im Dezember 2018
Lars Ihlenfeld, Holger Klaus, Nele Trenner

Rund ums Kind

Rund um die Eltern

Rund ums Team

Rund ums Kind

?

Ich bin Erzieherin in einer Kita, habe eine vierjährige Tochter (Alexa) und wende mich daher heute als Mutter an Sie. Meine Tochter hat sich neulich beim Spielen in der Kita verletzt und das Knie blutete. Die Erzieherin gab ihr daraufhin ein Taschentuch und meinte, sie solle es auf die Wunde legen. Alexa verlangte nach einem Pflaster, was ihr die Erzieherin nicht gab, mit der Begründung, sie könnte ja allergisch darauf reagieren, und daher dürften sie Kindern keine Pflaster geben.

In einer anderen Kita wiederum klebte eine Erzieherin ein Pflaster auf eine Kratz-Wunde im Gesicht eines Kindes statt mit Erste-Hilfe-Handschuhen eine Salbe darauf zu geben, wie die Mutter es wollte. Diese Wunde entzündete sich tatsächlich noch mehr.

Bei uns im Team herrscht daher große Verwirrung und deshalb meine Frage: Pflaster, ja oder nein? Wie handeln wir richtig?

!

Ihre Tochter hatte Recht und Anspruch auf ein Pflaster. Verletzt sich ein Kind in der Kita, ist „Erste Hilfe" zu leisten. Hierfür werden zum einen eine Reihe von Personen in Ihrer Einrichtung bzw. der Ihrer Tochter auf Kosten der örtlichen Unfallkassen ausgebildet und zum anderen befindet sich in jeder Einrichtung ein Verbandkasten. Die üblichen Modelle nach der DIN 13 157, die auch in Kindertageseinrichtungen und Schulen eingesetzt werden dürfen, enthalten neben diversen anderen Dingen für die Erstversorgung von Verletzungen auch sogenannte Wundschnellverbände (sprich: „Pflaster") in verschiedenen Größen. Diese eignen sich hervorragend, um den drei Gefahren auch kleiner Wunden zu begegnen: Die Blutung kann damit gestoppt werden, das Eindringen von Keimen wird verhindert und weiterer Schmerz vermieden.

Selbst wenn bekannt gewesen wäre, dass Ihre Tochter auf eine bestimmte Art von Wundverbänden allergisch reagiert, wäre etwa ein Taschentuch eine denkbar schlechte Alternative. Denn steril sind sie nur in den seltensten Fällen und zudem besteht die Gefahr, dass sie, zumindest bei größeren Wunden zum Beispiel am Knie, mit der Wunde verkleben und dann nur unter Schmerzen entfernt werden können.

Deutlich besser wäre dann gewesen, Alexa eine Zellstoffmullkompresse zum Stillen der Blutung zu geben. Auch diese befinden sich in mehrfacher Ausführung in jedem Verbandkasten.

Eine medizinische Behandlung ist hingegen von den pädagogischen Fachkräften nicht zu erwarten und sollte auch vermieden werden. Weder Desinfektionsmittel noch Salben müssen und sollten vom Erste-Hilfe-Leistenden aufgetragen werden.

Zu einer Erstversorgung einer typischen Schürfwunde aus dem Kita-Alltag gehört das vorsichtige Reinigen der Wunde mit einer sterilen Mullkompresse und lauwarmem Wasser. Dann können Sie sich ein besseres Bild vom Ausmaß der Wunde machen (oft sehen diese gefährlicher aus als sie sind) und die geeignete Folgemaßnahme bestimmen. Meist ist es völlig ausreichend, die Sorgeberechtigten zu informieren und ihnen die Entscheidung für die weitere Behandlung zu überlassen.

Wir gehen mit unseren Kindern regelmäßig in den an unsere Kita grenzenden Park, weil es für uns wichtig ist, mit unseren Kindern Natur bewusst und hautnah zu erleben.

Seit ein paar Wochen wurden an den Wegen Schilder aufgestellt, die vor herabfallenden Ästen, umkippenden Bäumen und nicht geräumten Wegen warnen. Gleichzeitig werden wir informiert, dass das Betreten auf eigene Gefahr geschieht.

Unsere Fragen:

- *Dürfen wir mit unseren Kindern weiterhin in den Park gehen?*
- *Wie ist in einer solchen Situation, im Falle eines Unfalls, die die Haftungs- und Versicherungsfrage geregelt?*

Ebenfalls haben wir ähnliche Fragen bei unseren Schulanfängern, die regelmäßig einmal im Monat in den Buchenwald wandern und dort einen ganzen Tag verbringen.

Bis vor zwei Jahren hatten wir einen bestimmten Platz im Wald, der in Absprache mit dem Forstamt von uns genutzt wurde. Dort waren 2007 zwei Sitzgruppen für unsere Kinder aufgestellt worden, die wir zum Essen und arbeiten benutzten. Als diese nun aufgrund des Alters kaputt gingen, wurden sie einfach entsorgt. Auf unsere Nachfrage wurden wir mit Zuständigkeiten, Verkehrssicherungspflicht, Unfallgefahr, Haftung usw. abgewiesen. Wir gehen seit zehn Jahren in den Wald und für unsere Kinder und uns ist es immer wieder ein Höhepunkt, die Natur pur zu erleben. Schon lange haben wir das Gefühl, dass immer mehr Vorschriften und Gesetze uns die pädagogische Arbeit im Bereich Natur und Wald erschweren, behindern und kaputt machen.

Auch hier stellt sich uns die Frage nach dem, was wir überhaupt noch dürfen, um nicht mit Gesetzen und Vorschriften in Konflikt zu kommen.

Um die Antwort vorwegzunehmen: Ja, Sie dürfen weiter in den Park gehen, und ja, Sie dürfen weiterhin mit den Schulanfängern in den Buchenwald wandern.

Das Betreten des Waldes und in der Regel auch waldähnlicher Parkanlagen erfolgt nach § 14 Bundeswaldgesetz ohnehin auf eigene Gefahr.

Solange Sie sich in den Park oder in den Wald im Rahmen Ihres Kita-Alltags begeben, sind Ihre Kinder wie sonst auch über die Deutsche Gesetzliche Unfallversicherung (bzw. die regionalen Unfallversicherungsträger in den Ländern) und Ihre Mitarbeiter über die Berufsgenossenschaft versichert, wenn es zu Verletzungen auf einem dieser Ausflüge kommen sollte.

Der Hinweis auf dem Schild ist aus Sicht der aufstellenden Kommune sinnvoll, weil es bei Parkanlagen regionale Unterschiede gibt, was die Einordnung unter den Begriff „Wald" betrifft. Es ist also eine Klarstellung, die insbesondere dem durchschnittlichen Spaziergänger deutlich machen soll, dass hier erhöhte Wachsamkeit gefordert ist, die Sie im Hinblick auf die Kinder dann aber auch haben müssen. Soweit die Kinder schon verständig sind, müssen Sie diese eben zu erhöhter Wachsamkeit anhalten.

Was die Sitzgruppen betrifft, so sind die Ausführungen des Forstamts insoweit zutreffend, als dass der Eigentümer des Waldes, ob er nun privat oder öffentlich ist, für Anlagen, die er aufstellt und zu deren Nutzung er einlädt, verantwortlich ist und sich nicht so leicht auf § 14 Bundeswaldgesetz (auf eigene Gefahr) zurückziehen kann. Wo das Haftungs-Risiko für das Forstamt beim Aufstellen von Sitzgelegenheiten liegen soll, kann ich jedoch auch nicht nachvollziehen. Suchen Sie hier doch nochmal das Gespräch. Einfache Holzklötze reichen doch hier für Sie und die Kids völlig aus.

Für den Ausflug in den Wald oder Park gelten die allgemeinen Regeln zur Aufsichtsführung: d. h. es ist nach dem Bundesgerichtshof das zu tun, was ein verständiger Aufsichtspflichtiger nach vernünftigen Anforderungen im konkreten Fall unternehmen muss, um Schädigungen Dritter oder des Kindes selbst zu verhindern. Zu den in diesem Sinne erforderlichen Maßnahmen gehört v. a. eine gute Vorbereitung des Ausflugs. In Anlehnung an das Urteil des Landgerichts Bad Kreuznach (31.05.2012, Az. 1024 Js 6294/10 Ns) bedeutet das vor allem, dass die Verantwortlichkeiten der begleitenden Fachkräfte untereinander klar abgestimmt sein müssen und die Regeln im Wald mit den Kindern im Vorfeld wiederholt besprochen und eingeübt wurden. Weiterhin ist selbstverständlich für ausreichend (mit dem Wald vertraute) Begleitpersonen zu sorgen und im Wald muss es klare „Ansagen" geben, in welchen Bereichen gespielt werden darf, und die Einhaltung dieser Regeln muss konsequent durchgesetzt werden. Dass Warnwesten sinnvoll sein können und Sie regelmäßig durchzählen, brauche ich wohl nicht zu erwähnen. Zur Abwägung des Verhaltens im jeweils konkreten Fall gehört es aber auch, das Wetter bzw. das gerade vergangene Wetter mit einzubeziehen. So verbietet sich sicherlich ein Besuch von Wald und Park bei Sturm oder Sturmböen. Dies gilt wegen der Gefahr herabfallender Äste aber auch für einen gewissen Zeitraum nach einem Sturm.

Zur Vorbereitung Ihres Teams können wir wie auch der Bundesverband der Wald- und Naturkindergärten nur wärmstens die Broschüren der Unfallkassen, z. B. „Mit Kindern im Wald“ (GUV-SI 8084) von der Deutschen Gesetzlichen Unfallversicherung, empfehlen.

Wenn Sie also die Ausflüge im besten Sinne ernst nehmen und sorgfältig vorbereiten, können Sie mit Ihren Kindern auch weiterhin die Natur genießen und ihnen diese (heute) besonderen Erlebnisse ermöglichen.

Wir haben in unserer Kita einen „heiklen" Fall, bei dem wir dringend Ihre Hilfe benötigen.

Ein dreieinhalbjähriger Junge besucht seit Januar unsere Kita und zeigt seit Beginn an für uns auffälliges Verhalten. Er beißt, haut und schmeißt mit Sachen um sich, so dass er andere Kinder und Erzieher verletzt. Wir dachten am Anfang, dass sich das nach der Eingewöhnungsphase legt und er einfach einen klaren Rahmen, wie Regeln, Bezugserzieher usw., braucht. Da sich das Verhalten verstärkt, merken wir aber aufgrund gezielter Beobachtungen, dass andere Gründe dahinter stecken. Auch der Verdacht der Kindeswohlgefährdung steht im Raum.

Aufgrund seines Verhaltens wäre der Junge in einer mit uns kooperierenden heilpädagogischen Kita besser aufgehoben, da der Personalschlüssel besser, die Gruppen kleiner sind. Da wir aber auf dem Weg zur Inklusions-Kita sind, wäre das wahrscheinlich widersprüchlich und wir hätten auch gegenüber den Eltern keine Argumente, oder?

Was raten Sie uns aus rechtlicher Sicht? Wie können wir handeln?

!

Da Sie einen Verdacht auf Kindeswohlgefährdung haben, sind Ihre nächsten Schritte gesetzlich über § 8a SGB VIII vorgegeben. Als Träger, der Leistungen nach § 22 ff. SGB VIII (Tagesbetreuung) erbringt, sind auch Sie nach § 8a Abs. 4 Satz 1 SGB VIII verpflichtet, bei Vorliegen „gewichtiger Anhaltspunkte"

- eine Gefährdungseinschätzung vorzunehmen. Die haben Sie wohl schon hinter sich. Ansonsten ist diese von der Person, die die Wahrnehmung gemacht hat, vorzunehmen;
- hierfür eine „insoweit erfahrene Fachkraft" beratend hinzuzuziehen
- sowie die Erziehungsberechtigten in die Einschätzung einzubeziehen, sofern dadurch der Schutz des Kindes nach Ihrer Einschätzung nicht gefährdet wird.

Bei der insoweit erfahrenen Fachkraft handelt es sich um Personen, die u. a. erweiterte Kenntnisse und Erfahrungen über die verschiedenen Formen und Ursachen über Kindeswohlgefährdung vorweisen können. Sie bekommen Kontakt zu einer solchen Person auch über das für Sie zuständige Jugendamt.

Kommen Sie durch die Beratung im Kreis der Fachkräfte, die das Kind fördern und betreuen, unter Beratung der insoweit erfahrenen Fachkraft zu dem Schluss, dass die Einbeziehung der Eltern dem Schutz des Kindes nicht abträglich ist, sollen Sie im Gespräch mit den Eltern auf die Inanspruchnahme von Hilfen zur Erziehung nach den §§ 27 ff. SGB VIII hinwirken.

Haben Sie den Eindruck, dass die von Ihnen empfohlenen Schritte nicht zu einer Verbesserung der Situation führen, fordert das Gesetz von Ihnen eine Information an das Jugendamt.

Im Rahmen der Beratungen mit der insoweit erfahrenen Fachkraft, aber auch mit den Erziehungsberechtigten können Sie Ihre Überlegungen, dass der Junge in Ihrer heilpädagogischen Kita besser betreut und gefördert werden könnte, einfließen lassen. Ohne eine Bearbeitung der häuslichen Probleme jedoch würden vermutlich auch die besseren Rahmenbedingungen dort nicht zu einer wirklichen Beseitigung der Gefährdung der Entwicklung führen.

Sollten die Eltern keinerlei Bereitschaft zeigen, auf Ihre Vorschläge einzugehen und in Kooperation mit Ihnen zum Wohle ihres Kindes zu treten, dürfte am Ende auch eine Kündigung des Betreuungsvertrags zu rechtfertigen sein. Denn dann dürfte eine Erziehungspartnerschaft im eigentlichen Sinne nicht mehr vorhanden sein. Eine solche ist aber für das Gelingen der Betreuung und insbesondere Förderung notwendig.

Es ist schon fast Sommer und unsere Vorschulkinder sind mehr als schulreif. Daher möchten wir sie auch gerne „alleine" (für eine begrenzte Zeit und ohne Erzieher) in den Garten und in die Holzwerkstatt lassen. Sie haben alle einen „Garten-" sowie einen „Holzwerkstatt-Führerschein" gemacht, kennen die Regeln und wir haben Vertrauen in sie. Auch sind Erzieherinnen in Ruf- und Sichtweite.

Trotzdem scheiden sich die Geister bei uns im Team, inwieweit wir hier der Aufsichtspflicht nachkommen. Wie ist das mit der Aufsichtspflicht? Wie können wir uns absichern, auch wenn etwas passiert?

Vertrauen ist die Basis von allem und Sie haben nach dem § 22 Abs. 2 SGB VIII den Auftrag, die Ihnen anvertrauten Kinder zu eigenständigen Persönlichkeiten zu erziehen. Das ist natürlich nur möglich, wenn Sie Ihnen auch die Gelegenheit geben, eigenverantwortlich zu handeln. Ihr Ansatz ist daher in pädagogischer Hinsicht völlig richtig.

Zugleich haben Sie aber natürlich auch einen Schutzauftrag, der sich auch in der Aufsichtspflicht ausdrückt. Nach der bekannten Formulierung des Bundesgerichtshofs ist hier stets das zu tun, was ein verständiger Aufsichtspflichtiger nach vernünftigen Anforderungen im konkreten Fall unternehmen muss, um eine Schädigung des Kindes oder anderer Personen oder Sachen zu verhindern.

Da sich die Aufsichtspflicht mithin also immer nach den konkreten Umständen des Einzelfalls richtet, sind pauschale Antworten nicht ganz einfach und man muss hier sicherlich differenzieren: Ein Aufenthalt von drei Kindern allein im gut einsehbaren Garten ist in der Regel weniger gefährlich als ein Aufenthalt mit unbeaufsichtigter Werkzeugerprobung in der Holzwerkstatt.

Allgemein kann man jedoch festhalten, dass das Einüben, Wiederholen von Regeln und die gelegentliche Überprüfung, ob diese auch eingehalten werden, in dem Alter einer der zentralen Aspekte der Aufsichtsführung ist. Insofern machen Sie mit dem Garten- und Holzwerkstattführerschein ja schon alles richtig. Insbesondere wenn der Holzwerkstattführerschein eben auch beinhaltet, dass potenziell gefährliche Gerätschaften wie Sägen oder Messer, sollten diese ausnahmsweise doch nicht unerreichbar verstaut worden seien, ohne Anwesenheit eines Erwachsenen nicht angerührt werden.

Hinzu kommt, dass die Aufsichtsführung je Zusammensetzung der Gruppe, nach Größe der Kindergruppe, Verfassung der Kinder an dem jeweiligen Tag usw. anzupassen ist, d. h. dass Sie nach eigener Einschätzung festlegen können, in welchen Intervallen Sie nach den Kindern im Garten bzw. der Werkstatt schauen.

Sollte tatsächlich etwas passieren, machen Sie sich bitte möglichst direkt danach Notizen in ein dafür angeschafftes Blanko-Buch, in dem Sie u. a. notieren, durch wen die Aufsichtsführung an dem Tag erfolgt ist, in welchen Abständen nach den Kindern geschaut wurde etc. In dieser „Erinnerungshilfe“ können und sollten Sie auch ganz unabhängig von einem Vorfall zum Beispiel gut notieren, wann eine Belehrung erfolgte. Auf diese Weise sichern Sie sich für den Fall der Fälle am besten ab.

Sehnsüchtig warten unsere Kita-Kinder und wir auf den ersten Schnee in diesem Winter. Neben Schneemann-Bauen und Experimenten mit Eis möchten wir gerne wissen, was wir in dieser Jahreszeit diesbezüglich zu beachten haben.

Hier kommen unsere Fragen:

- *Oftmals passieren Unfälle bei der Schneeballschlacht. Sollen wir diese generell verbieten?*
- *Wie sieht es mit dem Streu- und Raumdienst aus? Letztes Jahr sind morgens die ersten Eltern ausgerutscht, da die Kollegin noch nicht dazu kam zu streuen. Wie sieht das rechtlich aus?*
- *Wir gehen mit unseren künftigen Schul- und Hortkindern immer zum Schlittschuhlaufen. Gibt es hier Sicherheitshinweise, damit die Kinder und Kollegen unbedenklich dieses Abenteuer genießen können?*

Auch die kalte Jahreszeit hat ihre Herausforderungen.

So schade es ist, so werden wir in der Regel empfehlen müssen, eine sich bei den ersten dicken Flocken entspinnende *Schneeballschlacht* schnell zu unterbinden. Denn Ihr Team wird nicht überblicken können, was die Kinder „im Eifer des Gefechts“ wirklich vom Boden aufklauben und zu einem Ball formen oder ob der Schnee vielleicht schon fast eine Eiskonsistenz hat. So muss damit gerechnet werden, dass statt oder neben funkelndem Pulverschnee auch kleine Steinchen oder Eisstücke mitgeworfen werden und böse Verletzungen verursachen können.

Zu den Herausforderungen des Winters gehört sicherlich weiter, die *Zugangswege* zur Einrichtung von Gefahren wie Eis und Glätte und einer damit verbundenen Sturzgefahr freizuhalten. Diese sogenannte Verkehrssicherungspflicht trifft in den meisten Fällen Ihren Träger, wobei dieser gut beraten ist, genau festzustellen, für welche Bereiche er zuständig ist. Denn oft ist auch der Gehweg vor der Einrichtung, jedoch außerhalb des Einrichtungsgeländes von Schnee und Glätte zu beseitigen und vielleicht auch zu streuen.

Ist ein Weg gefährlich glatt und ohne Sturzgefahr nicht zu passieren, so wird dieser sichtbar für den Publikumsverkehr zu sperren sein.

Insbesondere ist wichtig, dass durch einen Träger ganz exakt dokumentiert wird, wann und von wem welche *Glättebeseitigungsmaß-*

nahmen durchgeführt worden sind. Denn nur so wird man sich entlasten können, wenn trotz aller erfolgter Maßnahmen ein Sturz passiert. Ob übrigens Erzieher ohne gesonderte Abrede einfach so, immer und stets zur Glättebeseitigung herangezogen werden können, wagen wir zu bezweifeln. Denn zum Berufsbild von Erziehern gehört eine solche Tätigkeit wohl eher nicht. Auch morgens muss der Frühdienst daher wohl eher nicht selber zur Schaufel greifen, es sei denn, es gibt hierauf einen Hinweis im Arbeitsvertrag bzw. der Stellenbeschreibung zum Arbeitsvertrag. Bei der Gefährdungseinschätzung, also der Frage, ob ein Zugang gesperrt werden muss, sieht die Sache allerdings ganz anders aus. Hier kann sich kein Mitarbeiter der Verantwortung entziehen, die nach seiner Einschätzung notwendige Entscheidung zu treffen und im Zweifel für die Sperrung des Wegstücks zu sorgen.

Vom *Betreten von Eisflächen* auf Seen oder Teichen können wir nur abraten. Denn selbst wenn Flächen behördlicherseits generell freigegeben sein sollten, so entbindet das eine aufsichtspflichtige Person immer noch nicht davon, die Tragfähigkeit der Eisfläche und das Nichtvorhandensein von Eislöchern o. ä. zu prüfen sowie sicherzustellen, dass Rettungsmittel (Leiter, Seile etc.) unmittelbar griffbereit sind. Das überspannt die Anforderungen an einen Erzieher aber erheblich. Darüber hinaus ist ein Eiseinbruch für kleine Kita-Kinder, die meist nicht schwimmen können, aber auch für Erzieher ein ausgesprochen atypischer Unfall, auf den keiner vorbereitet ist und der daher wohl nur mit sehr viel Glück zu meistern sein wird. Das Risiko ist einfach sehr hoch, auch wenn die glitzernde Fläche lockt.

Eislaufen auf dafür vorgesehenen Flächen in einer Eissporthalle kann dagegen zu einem spannenden Erlebnis für alle Kinder und Erzieher werden. Vielleicht findet sich sogar ein Trainer, der das richtige Verhalten auf der Eisfläche vermittelt. Und natürlich sollten vorher die Sicherheitshinweise mit Kindern und Eltern besprochen und umgesetzt (zum Beispiel das Tragen von widerstandsfähigen Handschuhen!) werden, damit der Fall der Fälle gar nicht erst eintritt.

Mit ein paar Vorsichtsmaßnahmen lässt sich also auch die weiße Pracht genießen und der Winter kann kommen.

Wir haben in unserer Kita dieses Jahr über 30 Kinder, die im September eingeschult werden. Wir unternehmen Ausflüge und bieten Projekte speziell für unsere „Großen" an und haben hier ein paar rechtliche Fragen im Team gesammelt:

- *Thema* ***Aufsichtspflicht****. Die künftigen Schulkinder (fünf bis sechs Jahre) gehen mit ihrer Erzieherin regelmäßig in den Supermarkt und kaufen fürs Frühstück ein. Es gibt eine Liste, die Kinder immer zu zweit besorgen, der Treffpunkt ist dann an der Kasse mit der Erzieherin. Dürfen wir die Kinder hier alleine herumstromern lassen? Neulich ist ein Kind auf ein Kühlregal geklettert und hat einen Schaden verursacht. Wie können wir uns hier absichern? Auch bei anderen Ausflügen wie z. B. im Wald entfernen sich die Kinder schon mal außerhalb unserer Sichtweite und laufen alleine zum nahegelegenen Treffpunkt. Ist das zu vertreten?*
- *Thema* ***Erziehungspartnerschaft****. Nach dem Einschulungstest letztes Jahr rief uns ein Vater aufgebracht an, dass sein Kind als „nicht schulfähig" eingestuft wurde und wir ihn nicht ausreichend darauf hingewiesen hätten. Dies stimmt bedingt, da in dieser Gruppe die Erzieherin krank war und die gezielten Elterngespräche ausfielen. Sind Elterngespräche Pflicht?*
- *Thema* ***Kooperation****. Damit sich Grundschullehrer und Erzieher über ein Kind im Vorfeld des Schulbesuchs austauschen können, müssen hierfür ja die Eltern die Einverständniserklärung geben. Gibt es hier Inhalte, die in einem selbsterstellten Formular enthalten sein müssen?*

Grundsätzlich gilt für *die Einhaltung der Aufsichtspflicht,* dass das zu unternehmen ist, was verständige Personen nach vernünftigen Anforderungen unternehmen, um eine Schädigung des Kindes oder eine Schädigung Dritter durch ein Kind zu verhindern.

Je älter und verständiger Kinder werden, umso mehr dürfen Erzieher somit darauf vertrauen, dass die einmal eingeübten Verhaltensregeln auch eingehalten werden. Da der Supermarkt regelmäßig besucht wird, darf davon ausgegangen werden, dass den Kindern der Ort bekannt ist und dass die örtliche Beschränkung „Kasse" akzeptiert wird. Daher ist gegen ein Herumstromern erst einmal nichts einzuwenden.

Etwaige dabei entstehende Schäden sind dann durch die Aufsichtspflichtigen (die Kinder sind ja in diesem Alter noch deliktsunfähig und haften selber nicht) nur zu ersetzen, wenn eine Verletzung der Aufsichtspflicht vorliegt. Dies wird bei dem einmaligen, nicht vorherzusehenden Erklettern des Kühlregals eher nicht der Fall sein. Anders verhält es sich jedoch, wenn dieses oder ein vergleichbares Verhalten bereits öfter vorgekommen sein sollte.

Eine ähnliche Abrede mit den Kindern bei einem Waldausflug halten wir dagegen für bedenklich. Denn ein Wald unterliegt – teilweise auch über Nacht bei Sturm oder Starkregen – steten Veränderungen. Auch ist das Gelände, anders als ein Supermarkt, nicht abgegrenzt und womöglich befinden sich Erzieher nicht immer in Rufweite. Schlussendlich ist in einem Supermarkt auch eher weniger mit angriffslustigen Wildschweinen zu rechnen.

Elterngespräche sind insofern verpflichtend, als das beiderseits Warn- und Informationspflichten bestehen. So wie ein Erzieherteam nachvollziehbar darüber informiert werden will, wenn in der Familie eines Kita-Kindes eine hoch ansteckende Krankheit ausgebrochen ist, so haben Eltern natürlich ein berechtigtes Interesse daran, etwaige Entwicklungsverzögerungen rechtzeitig zu erfahren. Dies gebieten schon die wechselseitigen Treuepflichten aus dem Betreuungsvertrag, die ja auch zum Gelingen der Erziehungspartnerschaft beitragen sollen. Sollte hierfür ein Elterngespräch nicht möglich sein, so bleibt einem Träger immer noch eine telefonische oder gar postalische Unterrichtung der Eltern verbunden mit der Einladung, ein Gespräch mit einer anderen Person aus dem Erzieherteam zu führen.

Für den *Informationsaustausch zwischen Kita und Schule* ist eine Einverständniserklärung notwendig. Diese sollte von den Eltern bzw. gesetzlichen Vertretern des Kindes schriftlich erteilt werden und muss freiwillig und informiert erfolgen. Das bedeutet, dass die Kita in der Einwilligungserklärung so umfassend wie möglich darüber aufklärt, welche Informationen der Kinder zu welchem Zweck mit der Schule ausgetauscht werden sollen. Nur bei entsprechender Information ist eine Einwilligungserklärung überhaupt wirksam – sind die Eltern etwa nicht vollumfänglich informiert, können sie gar nicht wirksam einwilligen und die Kita kann sich nicht auf die Einwilligung berufen.

Weiter müssen die Eltern auch darauf hingewiesen werden, dass sie eine einmal erteilte Einwilligungserklärung jederzeit (mit Wirkung für die Zukunft) ganz oder teilweise widerrufen können. Möchte die Kita also z. B. zum erleichterten Namenlernen der Lehrerin Fotos und zugleich die Entwicklungsdokumentation übersenden, können Eltern (vor der Übergabe) ihr Einverständnis z. B. zur Übersendung der Fotos noch widerrufen.

Jedes Jahr gibt es mindestens zweimal Kopfläuse in unserer Kita. Viele Mitarbeiterinnen erkennen schon die ersten Anzeichen, wenn sich die Kinder nämlich dauernd und intensiv am Kopf kratzen.

?

Unsere Frage: Dürfen wir bei den Kindern nachschauen, um Gewissheit zu haben, oder dürfen wir lediglich die Eltern darum bitten, den Kopf des Kindes zu kontrollieren?

!

Ein Blick in das Gesetz erleichtert die Rechtsfindung, wie wir Juristen gern sagen und wozu wir die Teilnehmer unserer Seminare auch immer wieder ermutigen.

In § 34 Abs. 1 des Infektionsschutzgesetzes (IfSG) kann man lesen, dass Personen, die an Cholera und weiteren schweren Krankheiten wie Masern, Pest oder Typhus erkrankt oder dessen verdächtig oder die *verlaust* sind, in Kindertagesstätten keine Tätigkeiten ausüben dürfen. Das gilt nach dem Satz 2 (natürlich) auch für die dort betreuten Kinder, die dann die Kita nicht betreten, aber z. B. auch an Laternenfesten nicht teilnehmen dürfen.

Unseres Erachtens bedarf die (unauffällige) Kontrolle der Kinder keinerlei gesonderter Einwilligung der Eltern. Wenn Sie ganz sicher gehen wollen, erbitten Sie eine entsprechende Einwilligung der Eltern. Da bereits der Verdacht auf Lausbefall ausreicht, um das Kind von dem Besuch der Kita auszuschließen, dürften Sie keine Schwierigkeiten haben, diese ggf. zu bekommen, um die Gefahr auszuschließen.

In § 34 IfSG ist auch geregelt, dass eine Rückkehr erst dann zulässig ist, wenn „nach ärztlichem Urteil" keine Verlausung durch das Kind mehr zu befürchten ist. Dieses ärztliche Urteil wird in der Regel bei Kopflausbefall durch die Anwendung eines vom Robert-Koch-Institut anerkannten Läusemittels ersetzt. Die Eltern oder sonstigen Erziehungsberechtigten sollten Ihnen gegenüber die Durchführung der Behandlung am besten schriftlich bestätigen.

Das Gesetz sieht für eine Wiederzulassung zum Kita-Besuch – etwas überraschend – bei keiner der in § 34 Abs. 1, Satz 1 IfSG aufgeführten Krankheiten ein ärztliches Attest als Voraussetzung vor. Sollten Sie dennoch eines ohne entsprechende Regelung zur Kostentragung im Betreuungsvertrag verlangen, könnte Ihr Träger verpflichtet werden, die Kosten hierfür den Eltern zu erstatten, denn – so steht es im § 670 des Bürgerlichen Gesetzbuches (BGB):

> „Macht der Beauftragte zum Zwecke der Ausführung des Auftrags Aufwendungen, die er den Umständen nach für erforderlich halten darf, so ist der Auftraggeber zum Ersatz verpflichtet."

?

Wir haben in unserer Einrichtung eine Kleinkindgruppe für Kinder von ein bis drei Jahren.

Seit über zehn Jahren benutzen wir in der Schlafenszeit ein Babyphone. Jetzt hat uns unsere Fachberaterin mitgeteilt, dass wir trotz Babyphone alle zehn Minuten einen Kontrollgang machen müssen, um zu sehen, ob noch alle Kinder gesund sind (plötzlicher Kindstod, Allergien, ...).

Dadurch, dass unser Babyphone nicht das Außengelände abdeckt, ist immer eine Erzieherin im nebenan liegenden Gruppenzimmer oder im Büro anwesend.

Ich finde es nicht sinnvoll, ständig die Tür zum Schlafraum zu öffnen, da unsere Kinder zwar tief schlafen, aber auf Geräusche und Lichtreize reagieren und dadurch aufwachen.

Meine Frage: Wie sollen wir uns nun verhalten, welche rechtlichen Vorgaben gibt es?

!

Ihrer Fachberatung würden wir an dieser Stelle Recht geben. Ein Babyphone, das allein akustische Signale übermittelt, kann niemals den prüfenden Blick ersetzen. Selbst ein Babyphone mit Kameraübertragung reicht an den persönlichen Eindruck nicht heran. Dafür haben Sie als Erzieher einfach ein zu gut geschultes Auge und Ohr.

Das Kontrollieren der Schlafsituation am Mittag gehört zur Aufsichtspflicht. Zu den konkreten Anforderungen an die Aufsichtspflicht haben die Gerichte in jahrelanger Rechtsprechung herausgearbeitet, dass das zu tun ist, was ein verständiger Aufsichtspflichtiger unter vernünftigen Anforderungen tun muss, um Schäden im konkreten Einzelfall von den Kindern oder Dritten abzuwenden. Da anders als zu Hause die Schlafsituation in der Kita sich stets anders darstellt (Gruppendynamik, andere Zusammensetzung der Kinder, verschiedene Kinder mit unterschiedlichen „Tagesbefindlichkeiten"), wird in gewissen Abständen ein prüfender Blick in den Schlafraum unerlässlich sein. Dabei kann es allerdings keine feste Vorgabe von zum Beispiel zehn Minuten geben. Denn es gibt sicherlich Tage, an denen ein Kind gestürzt oder ein Kind leicht kränkelnd ist oder auch zwei Kinder sich arg zerstritten haben mögen. In diesem Fall können auch kürzere Kontrollintervalle notwendig sein.

Sicherlich mögen die damit entsprechend ausgelösten Licht- oder Geräuschimpulse leicht störend sein. Dieser Nachteil wird aber durch das tatsächliche Wissen um die Schlafsituation im Raum bei Weitem aufgewogen.

Davon abgesehen: Ein Babyphone kann immer nur ein technisches Hilfsmittel sein. Auf ein solches sollte jedoch nicht blind vertraut werden. Denn über die volle Funktionsfähigkeit an einem konkreten Tag kann ohne ein entsprechendes umfangreiches vorheriges Testen jeweils kurz vor dem Einsatz eigentlich gar keine Aussage getroffen werden. Und auch ob ein Babyphone tatsächlich nichts vermeldet, weil eben nichts passiert oder weil ein technischer Defekt vorliegt, wird man erst hinterher und dann eben gegebenenfalls zu spät wissen. Daher sollte auf entsprechende Kontrollen – je nach tagesaktueller Zusammensetzung und Stimmung der Gruppe – nicht verzichtet werden.

Babyphone sind übrigens auch nicht abhörsicher, so dass sowieso überlegt werden sollte, ob diese in der Kita eingesetzt werden. Im Schlafraum getauschte Geheimnisse zwischen zwei Kindern können nämlich auch draußen durch Dritte mit anderen Geräten abgehört werden.

?

Wir sind ein Kinderhaus und haben folglich in unserer Kita eine große Altersmischung an Kindern. Unsere Jüngsten sind sieben Monate und die ältesten Kinder elf Jahre. Seit einiger Zeit diskutieren wir immer wieder im Team, wie wir Materialien für unsere „Großen“ so in der Gruppe platzieren, dass die Verletzungsgefahr für die Jüngsten gering ist. Wie gehen wir z. B. mit Scheren, kleinteiligen Bastelmaterialien, kleinen Figuren von Brettspielen usw. um? Wir haben es schon mit einem abschließbaren Schrank probiert, jedoch war es für unsere Zweijährigen ein besonderer Reiz, diesen aufzubekommen.

Zudem kommt, dass unser Garten auch für große und kleine Kinder konzipiert ist. Wir möchten die Kinder hier nicht separieren. Neulich kam es vor, dass ein knapp Dreijähriger sich einen Meter auf der Kletterwand versuchte und herunterfiel. Zum Glück ist gab es keine gravierende Verletzung. Gibt es hier bestimmt rechtliche Gegebenheiten, auf die wir achten müssen?

Welche rechtlichen Tipps haben Sie für uns, so dass die Großen weiterhin ihre Materialien und Erfahrungsfelder bekommen und gleichzeitig die Sicherheit der jüngeren Kinder nicht gefährdet ist?

!

Wenn ich Ihre Frage recht verstehe, geht es Ihnen vor allem darum, ob die gesetzlichen Vorschriften Ihnen hinsichtlich Ihres Konzepts und der daraus folgenden organisatorischen Notwendigkeiten Vorschriften machen, die Sie einzuhalten haben. Es handelt sich daher also im Wesentlichen um Fragen der Aufsichts- bzw. Verkehrssicherungspflicht und eventuelle Haftungsfragen.

Hierbei sind *drei verschiedene Aspekte* für Sie wichtig und voneinander zu unterscheiden.

Erstens ist da die Frage, ob von Ihnen betreute Kinder, die sich während des Aufenthalts im Kinderhaus (stark) verletzen, *Schadensersatzansprüche*, wie zum Beispiel auch Schmerzensgeld, gegen den Träger und/oder die Aufsicht führenden Erzieher/innen geltend machen können. Die gute Nachricht gleich vorab: das ist allermeist nicht der Fall. Denn die §§ 104, 105 SGB VII verbieten, sobald es sich um einen Kita-Unfall mit Körperverletzung handelt, der von der Unfallkasse gedeckt ist, jeden weiteren gegenseitigen Anspruch aus dem Personenschaden der über die Kita miteinander verbundenen Personen.

Zweitens übernimmt die Gesetzliche Unfallversicherung, wie Ihnen sicherlich bekannt ist, zwar die Kosten für die Heilbehandlung, wenn sich eines Ihrer Kinder verletzt. Sie kann aber Regress, d. h. Ersatz der Kosten hierfür von Ihnen verlangen, wenn ein Fall von *grober Fahrlässigkeit* festgestellt werden sollte. Das ist dann der Fall, wenn nicht einmal naheliegende Überlegungen angestellt wurden, um einen Unfall und damit eine Verletzung des Kindes zu verhindern. Im Einzelfall ist die Einstufung eines bestimmten Verhaltens als einfach oder grob fahrlässig nicht immer einfach. Ebenso wird bei vorsätzlichem Handeln ein Rückgriff durch die Unfallkasse erfolgen.

Für die Gestaltung Ihrer Räumlichkeiten und der Außenanlagen bieten die Unfallverhütungsvorschrift DGUV 82 (zuvor: GUV-V S 2) sowie die darauf aufbauende Regel 102-002 eine gewisse Orientierung, lassen aber auch hier Ihrem speziellen pädagogischen Konzept und vor allem dem Entdeckungsdrang Ihrer kleinen „Kunden" ausreichend Freiraum.

[Vgl. http://www.sichere-kita.de/;
http://publikationen.dguv.de/dguv/udt_dguv_main.aspx?FDOCUID=24130;
http://publikationen.dguv.de/dguv/udt_dguv_main.aspx?FDOCUID=24366][1]

Für Sie interessant sind v.a. § 14 Abs. 4 (Ausstattungen, Spielzeug), § 23 (Aufenthaltsbereiche und Ausstattungen für Krippenkinder), § 26 (Außenspielflächen) und § 28 (Spielplatzgeräte, naturnahe Spielräume) der Unfallverhütungsvorschrift 82.

Eindeutig geregelt ist allerdings auch hier nur, dass Teiche und ähnliches für Krippenkinder nicht zugänglich sein dürfen. Ansonsten wird darauf hingewiesen, dass Geräte und Spielzeug altersangemessen und so gestaltet sein müssen, dass das Verletzungsrisiko so weit wie möglich eingeschränkt wird.

Auf Ihre zwei konkreten Anfragen geben wir folgende Einschätzung: Scheren, kleinteilige Bastelmaterialien, kleine Spielfiguren von Brettspielen der „Großen" sollten dem Zugriff der „Kleinen" wirksam entzogen werden. Es handelt sich schlicht nicht um altersangemessenes Spielzeug. Der „Missbrauch", z. B. durch Verschlucken, ist überdies schwer zu verhindern.

---

1 Abrufdatum: 10.10.2018

Was Ihre Kletterwand und andere eher für die „Großen“ geeignete Spielgeräte im Garten angeht, sehe ich hier durch die Geräte selbst kein großes Haftungsrisiko, zumindest sofern sonstige Unfallverhütungsmaßnahmen ergriffen wurden (regelmäßige Kontrolle, Verletzungen vermeidender Bodenbelag etc.). Hier dürfte eher über eine Aufsichtspflichtverletzung nachzudenken sein, denn im Außenbereich dürfen Kinder unter 3 Jahren in aller Regel nicht aus den Augen gelassen werden. Ein „verständiger Aufsichtspflichtiger“, um die von der Rechtsprechung immer wieder zitierte Formulierung zu bemühen, würde wohl an den gefahrträchtigen Stellen eine Aufsichtsperson postieren.

Last but not least und *drittens* sind *strafrechtliche Konsequenzen* zu bedenken. Bei offenbarer Vernachlässigung jeglicher Vorsicht und daraus resultierender Verletzungen können durchaus auch Ermittlungen wegen fahrlässiger Körperverletzung in Betracht kommen. Vorstellbar wäre das zum Beispiel, wenn sich eines Ihrer Kinder mit einer auch für zweijährige Kinder leicht zugänglichen Nadel am Auge verletzen oder in einen nicht gesicherten Gartenteich fallen und einige Minuten ohne Luft bleiben sollte.

Ist die einfache Erreichbarkeit von Bastelmaterialien jedoch elementarer Bestandteil Ihres Konzepts oder sollte sich die Nichterreichbarkeit für die „Kleinen“ nicht immer konsequent umsetzen lassen, sollten Sie aber zumindest unbedingt regelmäßig den Umgang mit diesen Dingen üben und den Kleinsten liebevoll und bestimmt die Bereiche zeigen, die (noch) nicht erforscht werden dürfen.

Derzeit besuchen viele Kinder von Flüchtlingsfamilien unsere Kita. Wir arbeiten sehr gerne mit allen Kindern und sehen dieses Neuerung als Chance, unser Arbeitsfeld zu erweitern. Daher tauschen wir uns fortwährend in unseren Teamsitzungen zu diesem Thema aus. Pädagogisch sind wir dazu schon auf einem ganz guten Weg, nun interessiert uns noch rechtliches Hintergrundwissen. Was müssen wir also bezüglich zugewanderter Familien und ihren Kinder rechtlich beachten?

Nach unserer Erfahrung ist vor allem ein Grundwissen zum Aufenthaltsrecht wichtig, um die Situation von Kindern aus geflüchteten Familien verstehen und Unterstützung leisten zu können.

Obwohl das Gesetz, in dem der Aufenthalt, die Unterbringung und die Finanzierung von Geflüchteten geregelt ist, Asylgesetz (AsylG) heißt, sind diejenigen, die „klassisches" Asyl im Sinne des § 16a GG beantragen, die absolute Ausnahme. Denn für sie gilt nach Abs. 2, dass derjenige, der über einen sog. sicheren Drittstaat einreist, keinen Anspruch auf Asyl hat. Es ist daher nur für die Minderheit anwendbar, die direkt aus dem Land, in dem sie politisch verfolgt werden, nach Deutschland einfliegen.

Die weit überwiegende Zahl der bei uns ankommenden Familien kam und kommt aber auf dem Landweg. Für sie gelten die §§ 3 und 4 AsylG. Sie sind damit entweder *Flüchtlinge im Sinne der Genfer Flüchtlingskonvention* (hierfür muss ebenfalls eine (staatliche) Verfolgung vorliegen; diese kann aber auch wegen der Rasse, Religion, Nationalität, politischen Überzeugung oder Zugehörigkeit zu einer bestimmten sozialen Gruppe erfolgen) oder sie erhalten sog. subsidiären Schutz. Das gilt für all die, die aus Kriegs- oder Bürgerkriegsgebieten fliehen und denen dort Gefahr für Leib oder Leben droht.

Asylberechtigte und Flüchtlinge nach der Genfer Flüchtlingskonvention erhalten in der Regel eine Aufenthaltserlaubnis für drei Jahre, während die Familien mit subsidiärem Schutz zunächst nur für ein Jahr bleiben dürfen. Nach Ablauf der ersten Periode kann diese verlängert werden, solange die Zustände im Heimatland eine Rückkehr weiterhin nicht zulassen. In allen drei Fällen kann eine Erlaubnis zur Aufnahme einer Erwerbstätigkeit erteilt werden (§ 61 Abs. 2 AsylG).

Kinder die als Geflüchtete zunächst in einer Aufnahmeeinrichtung oder Gemeinschaftseinrichtung wohnen, müssen sich einer ärztlichen

Untersuchung auf übertragbare Krankheiten einschließlich einer Röntgenaufnahme der Atmungsorgane unterziehen. Sie haben zusätzlich Anspruch auf die gängigen Impfungen nach den Empfehlungen der STIKO.

Was die Betreuung des Kindes angeht, bestehen keine Unterschiede. Das SGB VIII gilt grundsätzlich für alle Kinder, die ihren tatsächlichen Aufenthalt im Bereich der Bundesrepublik haben. Geflüchtete Kinder haben damit denselben Anspruch auf Betreuung im erforderlichen Umfang wie alle anderen Kinder auch. Falls wegen des Integrationskurses oder einer Arbeit der Eltern oder aus anderen in der Person des Kindes liegenden Gründen (Sprachförderung, Vermittlung von Sicherheit u. Ä.) ein erhöhter Bedarf besteht, sollte eine Betreuung im Umfang mindestens eines Teilzeit-Platzes gewährt werden.

Apropos Integrationskurs: Die Teilnahme daran kann nach § 44a AufenthaltsG verpflichtend sein und wenn diese Pflicht nicht beachtet wird, kann es zu Leistungskürzung, Verwaltungszwang, Kostenbeitragsüberwälzung und Nachteilen bei der Niederlassungserlaubnis (also der unbegrenzten Gewährung von Aufenthalt) kommen. Falls Sie also von Eltern hören, dass der Integrationskurs wiederholt „geschwänzt“ wird, tun Sie den Eltern einen großen Gefallen, wenn Sie sie dazu u. a. mit Verweis auf die möglichen Nachteile dazu ermutigen, den Kurs regelmäßig zu besuchen.

In finanzieller Hinsicht sollten Sie berücksichtigen, dass viele Familien während des Asyl-Verfahrens mit sehr wenigen Mitteln auskommen müssen (nach Asylbewerberleistungsgesetz), die noch unterhalb der Leistungen nach SGB II (ALG 2) liegen. Aber auch schon in dieser Zeit können Eltern für ihre Kinder die Leistungen aus Bildungs- und Teilhabepaket nutzen, also die Übernahme der Kosten für Ausflüge und die Mittagsversorgung sowie Zuschüsse für die Mitgliedschaft im Sportverein oder den Musikunterricht beantragen.

Neben dem Anspruch auf Förderung in einer Kindertagesstätte gelten für geflüchtete Kinder auch die übrigen Vorschriften des SGB VIII. Das heißt, dass auch die übrigen Leistungen der Jugendhilfe (§ 11–40 SGB VIII) in Anspruch genommen werden können. Es gilt aber auch das §-8a-Verfahren. Sollten Sie also Anzeichen für eine Kindeswohlgefährdung feststellen, sprechen Sie bitte Ihre Leitung an und nehmen Kontakt zu der insoweit erfahrenen Fachkraft für Ihre Einrichtung auf. Je nach Ergebnis dieser ersten Einschätzung gehen Sie dann in Gespräche mit den Eltern und/oder dem Jugendamt und weisen ggf. auf die Verpflichtung hin, Hilfestellungen oder Fortbildungen in Anspruch zu nehmen.

Abschließend noch ein wichtiger Hinweis für *das Vertrauensverhältnis:* Sie haben anders als andere staatliche Stellen der Ausländerbehörde auch auf deren Nachfrage keine Auskunft zu den bei Ihnen betreuten Kindern und Familien mit Geflüchteten-Status zu erteilen.

?

Die Kinder und wir Erzieherinnen lieben Waldtage. Leider wurde der letzte Waldtag von einer unangenehmen Begebenheit begleitet, die mich zurzeit als Kita-Leitung ziemlich beschäftigt.

Beim Waldtag sammeln die Kinder immer „Schätze", die sie dann in die Kita zum Werkeln mitnehmen, wie z. B. Stöcke, Tannenzapfen, Steine usw. Ein vierjähriger Junge nahm also einen „Zauberstein" mit. Auf dem Rückweg blieb er auf einmal stehen und kratzte an der Seite eines Autos in die Türe. Dies geschah ganz schnell und wir Erzieher sahen es einfach zu spät. Der Lack beim Auto war also ab und ein Kratzer war deutlich zu sehen. Wie handeln wir in so einem Fall richtig?

!

Dass Sie dieser Vorfall sehr beschäftigt, können wir gut verstehen, ist doch die Beseitigung von Lackschäden an PKW oft sehr kostspielig. Wir wollen also sehen, wer hierfür einzustehen hat. Der Fall eignet sich gut, um einen Blick in das Gesetz zu „riskieren", um dort die Lösung zu finden.

Als direkter Verursacher käme zunächst Ihr kleiner „Künstler" in Betracht. Da er jedoch erst vier Jahre alt ist, gilt er nach § 828 Abs. 1 BGB als nicht deliktfähig. Wörtlich heißt es dort:

> „Wer nicht das siebente Lebensjahr vollendet hat, ist für einen Schaden, den er einem anderen zufügt, nicht verantwortlich."

Er muss sich also um sein künftiges Taschengeld erstmal keine Sorgen machen.

Als zweite mögliche – in diesem Falle: juristische – Person, an die sich der Eigentümer des PKW mit der Rechnung seiner Autowerkstatt richten könnte, käme Ihr Träger in Betracht. Denn für die Dauer der Betreuung in der Kindertagesstätte wird die Aufsichtsführung mit dem Betreuungsvertrag auf den Träger übertragen. In § 832 BGB heißt es wörtlich:

> „(1) Wer kraft Gesetzes zur Führung der Aufsicht über eine Person verpflichtet ist, die wegen Minderjährigkeit (...) der Beaufsichtigung bedarf, ist zum Ersatz des Schadens verpflichtet, den diese Person einem Dritten widerrechtlich zufügt. Die Ersatzpflicht tritt nicht ein, wenn er seiner Aufsichtspflicht genügt oder wenn der

> Schaden auch bei gehöriger Aufsichtsführung entstanden sein würde.
> (2) Die gleiche Verantwortlichkeit trifft denjenigen, welcher die Führung der Aufsicht durch Vertrag übernimmt."

Der Träger führt diese Aufsicht allerdings nicht persönlich aus, sondern hat für die Erfüllung dieser vertraglichen Verpflichtung Sie als Leitung und Ihr Team von Fachkräften engagiert. Ob Ihr Träger dem PKW-Eigentümer die Kosten zur Beseitigung seines Lack-Schadens zu erstatten hat, hängt daher von einer weiteren Regelung ab. Sie findet sich in § 831 BGB und trägt die Überschrift „Haftung für den Verrichtungsgehilfen". Der Gesetzgeber hat dort festgelegt, dass auch derjenige für einen Schaden „geradestehen" muss, der eine von ihm übernommene vertragliche Verpflichtung nicht selbst erfüllt, sondern hierfür andere Personen beschäftigt, diese also die Verrichtung für sich machen lässt.

Das ist auch im Kindergarten der Fall. Allerdings öffnet das Gesetz dem Träger einen Ausweg. Er soll nämlich dann nicht haften, wenn er bei der Auswahl der für ihn die Aufsicht führenden Erzieher/innen und bei der Organisation der Aufsicht die „im Verkehr erforderliche Sorgfalt" beachtet hat.

Diese Vorgabe hat Ihr Träger mit der Auswahl von Ihnen als qualifizierter Leitung und einem Team von ausgebildeten und staatlich anerkannten pädagogischen Fachkräften erfüllt. Anders wäre das eventuell zum Beispiel zu beurteilen, wenn für einen vielleicht schon lange geplanten Ausflug wegen einer Krankheitswelle nicht genügend pädagogische Fachkräfte zur Verfügung stehen und der Ausflug dennoch unter Einsatz von Eltern durchgeführt wird.

Die Organisationsverantwortung überträgt der Träger teilweise auch Ihnen als Leitung der Einrichtung vor Ort. Hätten Sie, was sicherlich nicht der Fall war, die Waldgruppe von 15 Kindern mit nur einer Erzieherin und einer Schüler-Praktikantin losgeschickt, wäre auch eine persönliche Verantwortung für den Schaden Ihrerseits möglich. Denn 15 Kinder mit nur einer Erzieherin und einem Praktikanten könnte dafür sprechen, dass Sie die „im Verkehr erforderliche Sorgfalt" nicht ausreichend beachtet haben.

Als Letztes kommen noch die den Waldausflug begleitenden Erzieher/innen in das Visier des den PKW-Besitzer möglicherweise vertretenden Rechtsanwalts. Sie müssen jedoch dann nicht zahlen, d. h. Nicht haften, wenn Sie darlegen können, dass Sie im Rahmen des Ausflugs ihrer *„Aufsichtspflicht genügt"* haben. Wann das der Fall ist, hängt immer vom Einzelfall ab. Es gibt hierfür keine klare gesetzliche Definition. Das Leben – gerade in der Kita – ist einfach zu bunt, um es von ein paar Paragrafen erfassen zu können.

Sie liegen in der Regel richtig, das betonen wir in unseren Workshops immer wieder, wenn Sie auf Ihr „Bauchgefühl" hören. In der Sprache eines Juristen lautet das:

Es ist das zu tun, „was verständige Aufsichtspflichtige nach vernünftigen Anforderungen im konkreten Fall tun müssen, um eine Schädigung Dritter zu verhindern." (OLG Karlsruhe vom 30.03.2006 12 U 298/05)

Für den Waldtag wären nach dieser Definition und nach der dazu erfolgten Rechtsprechung folgende Maßnahmen erforderlich, aber auch ausreichend:

- Sie besprechen den Ausflug und die geltenden Regeln und die dort möglichen Gefahren mit den Kindern in angemessener Weise wieder und wieder. Das gilt auch für die Verwendung von im Wald gefundenen „Werkzeugen" und „Schätzen".
- Sie nehmen ausreichend Personal mit; wie viele Personen das im Einzelfall sein sollten, entscheiden Sie aus Ihrer pädagogischen Erfahrung heraus.
- Sie haben sich in Vorbereitung des Ausflugs den Weg zum und durch den Wald schon mal angesehen.

Sie müssen also nicht permanent neben jedem Kind eine Aufsichtsperson einplanen oder gar jedes Kind an die Hand nehmen. Nur Kinder, deren Bereitschaft zur Befolgung von Regeln noch nicht ausgereift ist, sollten Sie etwas genauer im Blick haben oder müssen diese eben doch an die Hand nehmen.

Wenn Sie diese drei Punkte beachtet haben, wovon wir hier ausgehen, wird der Eigentümer des PKW bzw. seine Kasko-Versicherung auf dem Schaden „sitzenbleiben".

Um das Risiko eines Strafverfahrens wegen unerlaubten Entfernens vom Unfallort (§ 142 Strafgesetzbuch) auszuschließen, rufen Sie bitte von Ihrem Diensthandy die Polizei zur Feststellung Ihrer persönlichen

Daten. Sie vermeiden damit auch, dass der Schaden vom PKW-Halter später größer gemacht wird als er es in Wirklichkeit war.

P.S.: Die Broschüre der Unfallkasse „Mit Kindern im Wald", zu beziehen über die Deutsche Gesetzliche Unfallversicherung oder zum Beispiel auch die Unfallkasse Berlin, sollte Standard-Literatur in Ihrem Team sein.

Rund um die Eltern

?

Demnächst steht unser erstes großes Sommerfest an. Hierzu sind unsere Eltern eingeladen, selbst leckere Kuchen, Salate o. ä. beizusteuern, damit es ein gelungenes Fest wird.

Müssen wir diesbezüglich die Eltern belehren? Die gleiche Frage stellt sich natürlich auch für mitgebrachte Geburtstagskuchen oder Weihnachtsplätzchen.

!

Die Frage ist sehr berechtigt. Gerade aus Hygiene- und Gesundheitsgründen sollten die Eltern über die Zubereitung und die zulässigen Zutaten von Ihnen intensiv belehrt werden, um nicht Ärger mit der Lebensmittelaufsicht oder – schlimmer noch – verdorbene Mägen zu riskieren. Am besten eignen sich hierfür bereits eine Anlage zum Betreuungsvertrag und ein nochmaliger Hinweis im Vorfeld eines Festes.

Im Einzelnen sollte festgelegt werden, dass nur vollständig durchgegarte Speisen gestattet sind und auch Speisen mit ungekochten Eiern nicht mitgebracht werden dürfen. Das bedeutet, dass z. B. Tiramisu, Sahnetorten, Salate mit Mayonnaise, Tatar oder Hackepeter nicht erlaubt werden sollten. Gleiches gilt – auch wenn es sich um ein Sommerfest handelt und es bestimmt ein großer Spaß wäre – für Eis.

Darüber hinaus sollte von den Eltern auf jeden Fall eine vollständige und gegengezeichnete Zutatenliste eingefordert werden, um adäquat für Kinder mit Allergien vorzusorgen.

Bald ist wieder Muttertag und wie jedes Jahr bringt der Elternbeirat für die Feier selbstgebackene Kuchen mit. Im Kindergarten meines Sohnes wurde dies genauso gehandhabt, allerdings klagten letztes Jahr nach der Feier einige Eltern, Erzieher und Kinder über Bauchschmerzen und Übelkeit. Diese Beschwerden wurden auf eine Sahnetorte zurückgeführt, die eine Familie mitbrachte.

Da bei uns auch Eltern zum Sommerfest Salate, Kuchen und Co. mitbringen, wollte ich nun fragen, wie dies rechtlich ist?

Außerdem gibt es jetzt ja die Bestimmung, dass sämtliche Zutaten gekennzeichnet und sichtbar gemacht werden müssen. Gilt das auch für von Eltern mitgebrachte Lebensmittel? Gibt es hier gesetzliche Grundlagen, die uns einen Anhaltspunkt bieten?

!

Zu allererst: Das elterliche Kuchenbuffet ist nicht in Gefahr, zumindest nicht durch die EU-Lebensmittelverordnung. Sie müssen also nicht alle Eltern anhalten, die Inhaltsstoffe ihrer Kuchen- oder Salatspende anzugeben, was sicherlich zu einem eher spartanischen Angebot führen würde.

Die Verordnung gilt nur für Unternehmen, damit allerdings auch für Ihre Kita, sofern Sie dort selber kochen. Ansonsten ist Ihr Essenslieferant für die Kennzeichnung zuständig. Sie müssen insbesondere die in Anhang II der Lebensmittelinformationsverordnung (LMIV) aufgeführten Allergene, die besonders häufig Lebensmittelallergien und Lebensmittelunverträglichkeiten auslösen, ausweisen.

In der Praxis bedeutet dies, dass eine Kennzeichnung zum Beispiel auf dem Speisenaushang erfolgen kann oder mittels eines Schildchens oder Kärtchens neben dem angebotenen Essen. Denn Eltern bzw. Kinder sollen sich bereits vor der Wahl des Essens Kenntnis davon verschaffen können, was eventuell an Allergenen enthalten ist.

Grundlegende Regeln zur Vermeidung von Lebensmittelvergiftungen sollten Sie den Eltern im Rahmen der Bitte um eine Essensspende mitteilen: nur vollständig durchgegarte Speisen (also kein rohes Hack); keine ungekochten Eier (also kein Tiramisu o. ä.); auf die Verwendung von Mayonnaise verzichten; keine Sahnetorten (Kuchen und Torten nur mit durchgebackener Füllung).

?

Seit längerer Zeit beobachten wir ein Kind, das Freude daran findet, Bücher und Spielsachen so lange zu erforschen, bis sie kaputt sind. Auch ein teures Musikinstrument wurde „bearbeitet", so dass es unbespielbar war.

Natürlich sind wir uns unserer Aufsichtspflicht bewusst und wir passen auf, dem Kind Materialien zum Erforschen zu geben, bei denen nichts kaputtgehen kann, aber wir können dies auch nicht immer abschätzen.

Zu dem kommt das Verhalten des Kindes: Es lacht und freut sich, wenn es etwas kaputt gemacht hat. Neulich war es so, dass die Mutter das Kind abholte und mit einer anderen Mutter sprach, während das Kind ein Buch zerriss. Als die Erzieherin das später bemerkte, erwähnte die Mutter, dass dies ein ganz natürliches Verhalten eines Kindes sei. Da die Eltern bei den bisher gelaufenen Gesprächen uneinsichtig waren und auch keinerlei psychologische Hilfe in Anspruch nehmen, überlegen wir nun, ob wir die Eltern zur Kasse bitten können, wenn das Kind etwas bewusst kaputt macht. Wie sieht das rechtlich aus?

!

Der guten Vollständigkeit halber vorweg: Das mit offensichtlich großem Forschergeist ausgestattete Kind hat sicherlich noch nicht das siebte Lebensjahr vollendet und muss daher auch nicht mit seinem Taschengeld für die zerstörten Gegenstände haften (§ 828 BGB).

Die Eltern kommen für die Schäden nur dann auf, wenn sie die Aufsichtspflicht verletzt haben sollten. Dies ist zumindest für die überintensive Untersuchung des Spielmaterials während des Kita-Alltags in deren Abwesenheit offensichtlich nicht der Fall gewesen. Hier lag die Aufsicht über das Kind, die per Betreuungsvertrag auf den Träger und dann von dort auf Sie übertragen wurde, allein bei Ihrem Team.

Anders mag die von Ihnen beschriebene Abholsituation zu bewerten sein. Wenn Sie in dieser Situation bereits eindeutig die Aufsicht auf die Mutter zurückübertragen haben sollten, dürfte eine Pflichtverletzung der Mutter mit der entsprechenden Ersatzpflicht festzustellen sein.

Um das Problem grundsätzlich zu klären, sei auch auf Folgendes hingewiesen. Aus dem Betreuungsverhältnis obliegen den Vertragspartnern gegenseitige Treue-, Schutz- und Mitwirkungspflichten. Letztere bringen die Verpflichtung mit sich, an der Durchführung, an der Art und Weise der Betreuung bei Ihnen in der Einrichtung mitzuwirken. Gegebenenfalls muss auch zusätzliche Unterstützung zur Erziehung in Anspruch genommen werden, sollte das erforderlich sein.

Sofern die Eltern sich ihrer Verpflichtung zur Mitwirkung verweigern, wird auch – nach vorheriger Abmahnung – wohl leider über eine Beendigung des Betreuungsverhältnisses nachgedacht werden müssen.

Die von der Mutter geäußerte Ansicht, das Verhalten sei doch ganz altersgerecht und normal, mag ihr in ihrer Privatsphäre aus ihrem Recht zur Erziehung (Art. 6 Grundgesetz) zuzusprechen sein. Ihr Recht auf die Erziehung ihres Kindes nach ihren Vorstellungen endet jedoch spätestens an dem Punkt, an dem mutwillig Rechtsgüter Dritter, hier das Eigentum an Ihrem pädagogischen Material, verletzt werden.

?

Vor kurzem ist aus dem Garderobenraum unserer Einrichtung ein teures Digital-Tablet eines Kindes gestohlen worden. Offensichtlich hatten die Eltern dem Kind erlaubt, das Tablet als Spielzeug zu benutzen und in unsere Kita mitzunehmen und dort in seinem Fach zu verwahren. Wir hatten davon überhaupt nichts gewusst. Vor allem sind wir eine Einrichtung, die elektronisches Spielzeug aus Überzeugung vermeidet, was den Eltern auch bekannt ist.

In unserem Betreuungsvertrag haben wir extra darauf hingewiesen: „Für Garderobe wird nicht gehaftet". Dennoch wollen die leider sehr aufgebrachten Eltern des Kindes das „Spielzeug" ersetzt erhalten, was wir gar nicht einsehen.

!

Die schlechte Nachricht ist, dass Ihnen der Haftungsausschluss im Betreuungsvertrag zunächst einmal gar nicht hilft, selbst wenn dort auch technische Geräte aufgeführt wären. Denn hierbei handelt es sich um eine vorformulierte Allgemeine Geschäftsbedingung (AGB) für eine Vielzahl von Betreuungsverträgen, die als Klausel in dieser Form nicht wirksam Vertragsbestandteil werden kann.

Mit einer solchen Klausel versuchen Sie – womöglich ist Ihnen das gar nicht bewusst – auch eine Haftung für vorsätzliches oder grobfahrlässiges Handeln Ihrerseits mit auszuschließen. Dies stellt aber eine unangemessene Benachteiligung Ihrer Vertragspartner dar (§ 307 Nr. 7b BGB). Eine entsprechende Einschränkung müsste also bei dieser Klausel vorgenommen werden, um zumindest eine Haftung für den Verlust oder die Beschädigung von Garderobe der Kinder zu vermeiden.

Aber selbst mit einer solchen Klausel wird von Ihnen erwartet, dass Sie geeignete Schutzmaßnahmen gegen das Eindringen Fremder in den Garderobenbereich ergreifen. Dies ist bei Ihnen als Kita aber sicherlich der Fall.

Die gute Nachricht dagegen ist, dass Sie für den Verlust des Tablets dennoch nicht haften müssen. Denn hierbei handelt es sich nicht um Garderobe oder um einen Gegenstand, von dem Sie ausgehen mussten, dass er anlässlich des Kita-Besuchs mitgebracht wird. Darüber hinaus trifft die Eltern des Kindes ein derart großes Mitverschulden am Verlust, dass für eine Haftung Ihrerseits kaum mehr Platz sein dürfte. Denn den Eltern musste bewusst gewesen sein, dass der Garderobenraum von Ihnen nicht die ganze Zeit beaufsichtigt wird und es sich deshalb um einen sehr unsicheren Ort für das Verwahren eines solchen Wertgegenstandes handelt. Deshalb gilt hier zu Lasten der Eltern: Pech gehabt.

?

In unserer Kita wird es von Seiten der Eltern mit der Pünktlichkeit nicht so genau genommen.

Konkret meine ich damit, dass zum wiederholten Male immer die gleichen Eltern ihre Kinder nicht pünktlich abholen. Obwohl die Kita um 17 Uhr schließt, kann es passieren, dass die „letzten" Kinder erst um 17.30 Uhr abgeholt werden.

Wir haben schon Elterngespräche geführt, einen Elternabend zu diesem Thema veranstaltet und dabei den Bedarf nach längeren Öffnungszeiten bei den Eltern abgefragt. Die Eltern gaben zu 100% an, keinen Bedarf an längeren Öffnungszeiten zu haben.

Immer wenn die Kinder zu spät abgeholt werden (hier handelt es sich um drei Familien), hören die Erzieher andere Gründe.

Nun haben wir beschlossen, fünf Euro bei wiederholtem zu späten Abholen zu verlangen, worüber sich die Eltern massiv beschwert und dagegen protestiert haben.

Meine Frage an Sie: Welche rechtliche Handhabe haben wir bei den „Zu-spät-Abholern"?

!

Wenn alles Reden nicht mehr hilft, müssen Konsequenzen folgen. Ein bewährtes Mittel der Wahl ist die Abmahnung, die die meisten von Ihnen aus dem Arbeitsrecht kennen. Sie ist bei allen Vertragsverhältnissen, die über einen längeren Zeitraum laufen, Voraussetzung, um schließlich jemanden tatsächlich aus dem Nest zu schupsen.

Beachten Sie bei der Formulierung immer den Dreiklang von exakter Beschreibung des zu beklagenden sowie des von Ihnen geforderten, vertragsgemäßen Verhaltens und der Androhung von Rechtsfolgen, also u. a. auch die Kündigung des Betreuungsvertrag, sollte der Adressat Ihrer Aufforderung in Zukunft nicht nachkommen.

Eine nachträgliche einseitige Festsetzung einer Pauschale für zu spätes Abholen ist rechtlich so nicht möglich und Eltern werden sich wohl kaum einer solchen Zusatzvereinbarung unterwerfen. Sie können aber natürlich Ihre zukünftig zu schließenden Verträge mit einer derartigen Klausel ergänzen. In den von uns gestalteten Verträgen legen wir weiterhin Wert auf eine Differenzierung zwischen einer Überschreitung der Betreuungszeit (etwa bei Halbtagskindern) und der Überschreitung der Öffnungszeiten. Beide Vertragsverletzungen kosten Sie bzw. den Träger jedoch Geld, da sie Personal länger vorhalten müssen. Lassen Sie jedoch in dieser Klausel dem Vertragspartner auf jeden Fall das Recht, darzulegen und zu beweisen, dass Ihnen ein geringerer Schaden als der vereinbarte pauschale Schadensersatz entstanden ist.

Was die Höhe der von Ihnen gewählten Strafzahlung angeht, so sind 5 € sicherlich grundsätzlich nicht zu beanstanden. Auch 10 € pro angefangener Viertelstunde dürften noch im Rahmen des Vertretbaren liegen.

Jenseits des Rechts könnte läuternd auch der Hinweis an die Eltern sein, dass Sie fortan bei längeren Verspätungen die Kinder dem Kindernotdienst übergeben werden. Ebenso wirksam könnte ein Aushang am Elternbrett sein, in dem darauf hingewiesen wird, dass bestimmte Aktivitäten o. ä. ausfallen müssen, weil ein Teil des Personals wegen zu spät kommender Eltern am späten Nachmittag ständig Überstunden produziert, die dann an den Folgetagen vormittags „abgebummelt" werden.

Gerne sind wir bei der Formulierung der für Ihre Einrichtung passenden Straf-Klausel behilflich.

?

Zwei Mütter haben uns neulich angeboten, dass sie die Vorschulkinder auf einem Ausflug begleiten würden, da der Ausflug sonst ausgefallen wäre.

Wie sieht es rechtlich mit der Aufsichtspflicht aus? Können wir diese an die Mütter übertragen und was müssen wir dabei beachten?

!

Die Pflicht, über das Wohl der Kinder zu wachen, obliegt naturgemäß und nach dem Gesetz (§§ 1626, 1631 BGB) zunächst den Eltern. Diese übertragen Ihnen bzw. Ihrem Träger auf der Basis des Betreuungsvertrags die Aufsicht über ihre Kinder für die vereinbarte Betreuungszeit.

Ihr Träger wiederum kann bzw. muss diese vertraglich zugesicherte Übernahme der Aufsicht übertragen; zunächst auf Sie als Leitung und von Ihnen dann auf die von Ihnen eingesetzten Mitarbeiter.

Grundsätzlich spricht nichts dagegen, ergänzend die Aufsicht auch auf Personen zu übertragen, die keine pädagogischen Fachkräfte sind, wie z. B. Praktikanten, Bundesfreiwilligendienstleistende oder eben auch auf Eltern.

Dies ist aber immer eine Entscheidung im Einzelfall. Der Gesetzgeber und die Rechtsprechung überträgt Ihnen die Verantwortung, ob Sie unter Zuhilfenahme Ihres gesunden Menschenverstandes den die Kinder begleitenden Personen zutrauen, den Ausflug ohne Schäden für die Kinder selbst oder Dritte zu absolvieren.

Dabei sind Sie aufgefordert, vor allem folgende Faktoren in Ihre Überlegungen einzubeziehen:

- Um was für Kinder handelt es sich? Wie alt sind sie? Hören diese in der Regel auf Anweisungen? Wie verhalten sie sich in der Gruppe usw.?
- Welchen Schwierigkeitsgrad weist der geplante Ausflug auf? Ist es der Theaterbesuch um die Ecke oder Ausflug in die Waldschule mit einem Wegstück durch unübersichtliches Gelände?
- Welche Personen übernehmen neben dem pädagogischen Fachpersonal die Aufsichtsführung? Kennen Sie sie? Haben sie schon einmal die Kinder begleitet? Konnten Sie sie vielleicht sogar schon bei einem kleinen Ausflug im Umgang mit den Kindern beobachten? Beachten diese Personen Anweisungen des Fachpersonals?

Unabhängig davon sollten Sie die begleitenden Eltern ausdrücklich darauf hinweisen, dass sie nicht nur für ihr eigenes Kind verantwortlich sind, sondern für die ganze Gruppe.

Sprechen Sie als Kita-Leitung mit dem verantwortlichen Erzieher und dieser mit Eltern über den Ausflug, insbesondere über etwaige kritische Punkte wie gefährliche Kreuzungen, Umsteigewege oder ähnliches. Zusätzlich lassen Sie die den Ausflug organisierende Erzieherin den Weg und das Ziel erkunden. Weisen Sie weiter Ihre Erzieher an, sich an den von Ihnen erstellten Checklisten zum Verhalten bei Ausflügen zu orientieren. Die Veröffentlichungen der Deutschen Gesetzlichen Unfallversicherung (www.dguv.de) und der regionalen Unfallversicherungsträger liefern Ihnen hier wertvolle Hilfestellung.

Außerdem – und vielleicht ist das das Wichtigste – sollte es in Ihrer Einrichtung quasi zur Gewohnheit werden, mit den Kindern über Regeln auf Ausflügen zu sprechen und diese einzuüben.

?

Ich möchte ein heikles und zugleich schönes Thema ansprechen: die Liebe. Bei uns hat sich eine Erzieherin in einen (noch) verheirateten Vater verliebt, der daraufhin seine Familie verlassen hat und nun in wenigen Wochen mit der Erzieherin zusammenleben wird.

Mit dieser Beziehung ergeben sich einige Fragen:

1. *Sollte die Erzieherin die Gruppe wechseln, da sie mit den Kindern manche Wochenenden verbringt?*
2. *Wir sind eine christliche Einrichtung und unser Träger ist nicht sehr begeistert. Kann es hier Konsequenzen für das Arbeitsverhältnis der Erzieherin geben?*
3. *Kann ich hier als Kita-Leitung „Verhaltensregeln" für die Verliebten vorgeben, wie z. B. beim gemeinsamen Sommerfest etc., oder greife ich damit in die Privatsphäre ein?*

!

Das ist in der Tat eine herausfordernde Situation.

Tatsächlich kann es – ohne, dass es hierfür rechtliche Vorschriften geben würde – sinnvoll sein, dass die Kollegin die Gruppe wechselt. Das würde ich jedoch davon abhängig machen, wie sich die Situation zwischen den Eheleuten gestaltet. Wenn es stark emotional belastet ist, kann es für die Kinder besser sein, von anderen Fachkräften betreut zu werden, um sich in der Kita vom familiären Stress zu erholen. Letztendlich ist es wohl eine rein pädagogische Frage und dafür sind Sie die Fachkräfte.

Ihre Frage zu möglichen arbeitsrechtlichen Konsequenzen ist berechtigt. Denn die sogenannten Tendenzbetriebe, wie vor allem die Unternehmen der großen Kirchen, haben durchaus ihr „eigenes" Arbeitsrecht und können z. B. im Einzelfall auch Mitarbeitern, die sich scheiden lassen und neu heiraten, die Kündigung erklären, wenn das mit den religiösen Überzeugungen der Kirche nicht in Einklang zu bringen ist. Hier gibt es jedoch ein neueres Urteil des EuGH, wonach die erneute Heirat dann keine Kündigung rechtfertigt, wenn der Mitarbeiter nicht für die Kirche quasi „verkündet". Ihre Mitarbeiterin jedoch braucht keine Kündigung zu fürchten. Eine „Beihilfe zum Ehebruch" ist jedenfalls nach unserem Kenntnisstand nicht geeignet, um eine Kündigung zu begründen.

Außerdem kann der Arbeitgeber natürlich, sofern sich die Beziehung auf etwa die Zuverlässigkeit auswirkt, entsprechende Abmahnungen aussprechen. Die wird dann aber eben nicht wegen der Beziehung, sondern etwa wegen dauernden Zuspätkommens ausgesprochen.

Darüber hinaus können Sie in Ihrem Bereich anweisen, was Sie für sinnvoll erachten und das nicht rein willkürlich ist. Anweisungen, auf Sommerfesten von allzu überschwänglichen Liebesbekundungen abzusehen, um die Kinder bzw. auch die Mutter der Kinder nicht zu irritieren, sind daher durchaus möglich. Solche Weisungen sind dann jedoch auf alle Arbeitnehmer zu beziehen und nicht nur auf diese eine Kollegin.

?

Der Hinweis auf die Rechtsberatung in der klein&groß kam gerade richtig, da wir uns in unserer Einrichtung (teilstationäre Sprachheileinrichtung) Gedanken über den Umgang/Kontakt mit getrennt lebenden Eltern bei gemeinsamem Sorgerecht gemacht haben.

Welche Konsequenzen ergeben sich für die Kita?

Müssen Berichte, Einladungen zu Festen usw. an den anderen Elternteil geschickt werden? Oder gehört das zu Belangen des täglichen Lebens, über die nur der Elternteil, bei dem das Kind lebt, unterrichtet wird?

Wir handhaben es hier so, dass zu Elternsprechtagen, bei denen die Schulfrage thematisiert wird, beide Elternteile eingeladen werden. Auch Abschlussberichte erhalten beide Elternteile.

Wir haben einen Rückmeldebogen entwickelt, in dem wir den Elternteil, bei dem das Kind nicht lebt, um Rückmeldung bitten (dazu, ob er an Informationen interessiert ist und in welcher Form die Informationen erwünscht sind). Ist das überhaupt zulässig?

Wie ist die Rechtsprechung in der Trennungsphase beim Abholen des Kindes?

Unsere Kinder werden täglich mit einem Taxi befördert. Wie müssen wir uns verhalten, wenn ein Elternteil das Kind selber abholen möchte? Gewöhnlich ist das natürlich möglich. Welche Regelungen gelten bei häuslichen Streitigkeiten?

!

Die entscheidende Regelung für getrennt lebende Elternteile findet sich in § 1687 BGB. Voraussetzung für die Anwendung dieser Vorschrift ist allerdings, dass beide Elternteile Inhaber des Sorgerechts sind. Bei nicht verheirateten Eltern ist das nicht die Regel. Sollte nur der eine Elternteil sorgeberechtigt sein, hat der andere Elternteil nur ein Auskunftsrecht gegenüber dem anderen Elternteil, dies ergibt sich aus § 1686 BGB. Auskünfte von Ihnen kann er nicht verlangen und dürfen Sie ihm auch nicht erteilen.

Üben die Eltern die Sorge für ihr Kind gemeinsam aus, gilt etwas anderes. In diesem Fall ist auch Ihr Rückmeldebogen eine gute Idee. Die Einladung zu den Elternsprechtagen und die Übersendung der

Abschlussberichte sind dann rechtlich auch in keiner Weise zu beanstanden.

Auch die Einladung zu Festen ist grundsätzlich in Ordnung. Allerdings kann es hier zu Schwierigkeiten bei hochstrittigen Trennungssituationen kommen. Wenn auch der Elternteil zu dem Fest erscheint, der keinen Umgangstag hat, könnten Sie zum Wohle des Kindes verpflichtet sein, von Ihrem Hausrecht Gebrauch zu machen und ihn oder sie des Geländes zu verweisen.

Gibt es für Sie eindeutige Hinweise, dass das Kind den Lebensmittelpunkt bei einem der Elternteile hat, entscheidet dieser Elternteil, wie und von wem das Kind abgeholt wird. Es handelt sich, wie Sie richtig vermuten, um eine „Angelegenheit des täglichen Lebens".

Hat aber der andere Elternteil einen gerichtlichen Beschluss über sein Umgangsrecht erwirkt oder haben sich die Eltern über eine Umgangsregelung geeinigt, dann darf der umgangsberechtigte Elternteil an den Tagen, an denen er das Kind zu sich nimmt, grundsätzlich dieselben Entscheidungen treffen. Das Gesetz spricht hier in § 1687 Abs. 1, Satz 3 BGB von einer Angelegenheit der tatsächlichen Betreuung. Der Umfang der Entscheidungsbefugnis ist ähnlich wie bei den Angelegenheiten des täglichen Lebens, beinhaltet aber nicht das Recht, für das Kind Verträge zu schließen oder das Kind auf andere Art und Weise zu vertreten.

Dieser Elternteil hat dann aber auch Anspruch darauf, von Ihnen über die Entwicklung des Kindes und die Ereignisse in der Einrichtung informiert zu werden.

?

Folgende Situation beschäftigt unser Team seit einigen Wochen und wir wissen einfach nicht, wie wir uns richtig verhalten sollen:

Der Vater einer Tochter war zusammen mit der von ihm getrennt lebenden Mutter Inhaber der elterlichen Sorge. Seinen Wohnsitz hatte das Kind bei der Mutter. Nach einem Beschluss des Familiengerichts sollte seine Tochter u. a. jeden Mittwoch von 10 Uhr bis 18 Uhr Zeit mit ihm verbringen. Er war, genau wie die Mutter, Vertragspartner des Betreuungsvertrags und zahlte auch den Elternbeitrag.

Die Mutter überreichte dem von uns betreuten Träger diesen Beschluss und forderte die Leitung auf, den Vater an anderen Tagen auf keinen Fall in die Kita zu lassen. Muss sich der Träger danach richten?

Der Vater wurde weiterhin zum englischsprachigen Elternsprecher der Gruppe gewählt und hat seitdem auch andere Anliegen, die Kita zu besuchen (z. B. organisatorische Fragen). Da der Kindergarten im Umgangsbeschluss nicht erwähnt sei, so seine Auffassung, könne er dort auch zu anderen Zeiten erscheinen. Hat er Recht?

Er äußerte außerdem den Wunsch, die Kindergruppe bei den Ausflügen (auch an anderen Wochentagen als Mittwoch) zu begleiten und bei den großen Feiern dabei zu sein (Weihnachten, Sommerfest usw.). Kann die Mutter das verbieten?

Der Vater will ein separates Entwicklungsgespräch (ohne die Mutter) in englischer Sprache haben. Die Mutter ist vollkommen dagegen und droht uns, das Kind aus der Kita zu nehmen. Sie will nicht, dass wir Informationen über das Kind und dessen Entwicklung an den Vater geben.

Seinem Wunsch, mit dem Kind einen Englisch-Sprachtest durchzuführen, hat sie ebenfalls widersprochen. Können Sie uns einen Überblick über die rechtliche Situation geben?

!

Nach Ihren Angaben gehen wir davon aus, dass die Eltern die Sorge gemeinsam ausüben und getrennt leben. In der Situation sind ein paar Entscheidungen von den Eltern, das Kind betreffend, nur gemeinsam zu treffen. Dazu gehört z. B. auch die Wahl des Kindergartens. Eine einseitige Kündigung des Kindergartens durch die Mutter ist daher aus familienrechtlicher Sicht nicht möglich.

Beide Eltern – als Inhaber der elterlichen Sorge – haben Anspruch auf Auskunft über die Entwicklung des Kindes. Der Vater sollte daher auch die Möglichkeit haben, sich über die Entwicklung seiner Tochter informieren zu können.

Was den Sprachtest angeht, liegt die Mutter unseres Erachtens aber richtig. Das ist eine sog. Angelegenheit des täglichen Lebens (§ 1687 Abs. 1, Satz 2 BGB), die die Hauptbetreuungsperson allein entscheiden kann.

Der Vater dürfte unserer Einschätzung nach auch an Ausflügen als zusätzlicher Betreuer (mit einer Teilverantwortung für die Gruppe und nicht nur für seine Tochter) mitfahren. Die Mutter kann ihm das nicht verbieten. Sie könnte lediglich entscheiden, dass das Kind dann an dem Tag nicht in die Kita kommt.

Bei Festen der Kita liegt üblicherweise die Aufsichtspflicht bei den Eltern bzw. bei dem dann betreuenden Elternteil, so dass eher von einem Umgangstermin auszugehen ist. Zu diesen Terminen darf der Vater daher nach unserer Auffassung zur Vermeidung von Auseinandersetzungen und damit zum Wohle des Kindes nicht erscheinen, es sei denn das Fest fällt genau auf einen seiner Umgangstage.

Da der Vater hier auch noch die Aufgabe des Elternsprechers übernommen hat, darf er natürlich in dieser Eigenschaft auch zur und in die Kita. Hier sollte aber darauf geachtet werden, dass er dies nicht dafür nutzt, in Umgehung des familiengerichtlichen Beschlusses mehr Kontakt mit seiner Tochter zu erreichen. Aber die meisten Aufgaben von Elternsprechern werden wohl sowieso eher in den Abendstunden anfallen.

?

Derzeit sind unsere Garderoben wieder voller gefütterter Matschhosen, Winterjacken und die ersten Schneeanzüge hängen auch schon. Kurzum: Winterzeit in der Kita!

Hierauf bezieht sich auch meine Frage: Wir schreiben immer in Aushängen, dass die Eltern ihren Kinder wetterfeste Kleidung mitgeben sollen, was die meisten auch tun.

Nun diskutieren wir in letzter Zeit immer mit Eltern, die der Meinung sind, dass ihr Kind selbst die Kleidung auswählen darf. Grundsätzlich lassen wir die Kinder auch viel entscheiden, jedoch stand letztens ein dreijähriges Kind im Sommerkleid und Ballerinas, mit einem leichten Strickjäckchen, bei drei Grad im Garten. Die Eltern sagen, dass das Kind selbst die Konsequenzen spüren soll. Ist das schon eine Kindeswohlgefährdung? Müssen wir hier eingreifen?

Und: welche Handhabe haben wir bei Eltern, die ihr Kind zu warm anziehen, so dass es im Sommer völlig verschwitzt im Garten stand, die Eltern aber darauf bestanden, dass wir die dicke Matschhose anziehen, da die andere ja schmutzig wird. Welche rechtlichen Grundlagen haben wir hier?

!

Aus dem Betreuungsverhältnis ergeben sich wechselseitig auch ungeschriebene Treuepflichten. Dies bedeutet, dass jede Seite das zu unterlassen hat, was der Durchführung des Betreuungsvertrages im Wege stehen könnte und gleichermaßen das zu tun hat, was zum Gelingen der Vertragsdurchführung zwingend erforderlich ist. Dies führt dazu, dass man von Eltern verlangen kann, dass ihre Kinder jahreszeitengemäß gekleidet sind, da andernfalls die Erzieher mit einem unzumutbaren Mehraufwand konfrontiert werden – der zeitlich im Übrigen auch zu Lasten aller anderen Kinder geht.

Wenn eine Wettersituation eine gewisse Kleidung voraussetzt, um pädagogische Angebote auch außerhalb des Einrichtungsgebäudes zu realisieren, so werden Eltern ihre privaten Erziehungsmethoden oder Bedenken im Hinblick auf die Reinigung einer Kinderhose zurückstellen müssen.

Des Weiteren übergeben die Eltern jeden Morgen mit ihrem Kind zusammen auch Teile der Personensorge nach § 1631 Abs. 1 BGB, nämlich das Kind zu pflegen, zu erziehen und zu beaufsichtigen, an

Ihren Träger. Daraus ergibt sich auch, dass Sie (und nicht die Eltern!) in der Zeit, in der das Kind in der Einrichtung betreut wird, darüber entscheiden, welche Kleidung für das Kind dem Wetter entsprechend angemessen ist. Etwas anderes dürfte nur dann gelten, wenn Sie den uneingeschränkten freien Willen der Kinder auch bei der Auswahl der Kleidung in Ihrem pädagogischen Konzept verankert hätten.

Ob es bereits eine Kindeswohlgefährdung ist, wenn ein kleines Mädchen mit Strickjäckchen und Ballerinas bei Temperaturen nahe dem Gefrierpunkt im Garten spielt, könnte anhand von § 1631 Abs. 2 BGB beurteilt werden. Danach haben Kinder ein Recht auf gewaltfreie Erziehung – körperliche Bestrafungen, seelische Verletzungen und andere entwürdigende Maßnahmen sind unzulässig.

Sofern die winterlichen Temperaturen das Kind bereits erheblich im Wohlbefinden beeinträchtigen, wird man über eine Verletzung der vorbenannten gesetzlichen Vorgabe durchaus schon nachdenken können. Dies, zumal eine solche Kleidung im Winter, gerade auch vor den Augen aller anderen Kinder, im Einzelfall auch eine entwürdigende Erziehungsmaßnahme darstellen könnte.

Ob dies aber bereits „gewichtige Anhaltspunkte" im Sinne des § 8a Abs. 4 SGB VIII sind, kann nur im Einzelfall entschieden werden. Nach unserer Einschätzung dürfte das nur dann der Fall sein, wenn das Kind tatsächlich ernsthaft erkrankt und die Eltern trotz dieser Erkrankung sich uneinsichtig zeigen.

Andererseits dürfte es zukünftig nicht mehr so weit kommen, da Sie (siehe oben) zukünftig entscheiden, was das Kind während der Betreuung bei Ihnen anzieht (und was nicht). Sollten die Eltern trotz Ihrer Hinweise keine nach Ihrer Auffassung angemessene Kleidung mitbringen, müssen Sie ggf. Konsequenzen ziehen und eine Kündigung des Betreuungsvertrags erwägen.

?

Die Unsicherheit um die Datenschutz-Grundverordnung (EU-DSGVO) ganz allgemein ist weiterhin groß und daher ist die neue Datenschutz-Grundverordnung ein großes Thema bei uns und unseren teilweise besorgten und teilweise diesbezüglich kopfschüttelnden Eltern.

Haben Sie zur „Herausgabe von Daten an Eltern" dahingehend z. B. eine Checkliste zu den konkreten Auswirkungen auf die Praxis? Des Weiteren würde mich als Gruppenleitung interessieren, ob:

- *wir Entwicklungsdokumentationen und Portfolios zu Hause erledigen dürfen,*
- *die Namen auf aushängende Kunstwerke von Kindern oder Garderobenplätze schreiben dürfen,*
- *wir externen Beratern, die ohne Vertrag mit uns arbeiten, wie z. B. Supervisoren, die Namen von Kindern nennen dürfen,*
- *Schnupperpraktikanten oder evtl. zukünftige Mitarbeiter, die zum Probearbeiten kommen, Einblick ins Gruppenbuch geben dürfen,*
- *Eltern das Recht haben, die Buchführungsunterlagen/Kassenbuch anzuschauen oder zu prüfen? Einen ernsthaften Grund gab es dafür bei uns nicht. Wir sind eine Kita aus Berlin in Trägerschaft der Pippa Langohr gUG. Die Eltern zahlen bei uns einen Zusatzbeitrag für die Bio-Vollverpflegung und das mehrsprachige Konzept (extra Personalkosten, mehrsprachige Materialien etc.). Nun hat eine Mutter den Wunsch geäußert, einen Einblick in die Buchhaltungsunterlagen zu werfen.*

!

Stimmt, die Unsicherheit ist sehr groß – es gibt Träger, die jetzt grundsätzlich jedes Foto verbieten, und andere, die eher nach der „Vogel-Strauß-Methode" erstmal weiterverfahren und beobachten.

Dabei hat sich an der Grundidee zum Datenschutz auch durch die Datenschutz-Grundverordnung gar nicht so viel geändert, in weiten Teilen sogar nur konkretisiert. Egal ob alt oder neu, die wichtigsten Punkte, die Trägerverantwortliche, Erzieher und alle anderen Mitarbeiter, die die Kita am Laufen halten, beachten müssen, haben wir hier zusammengefasst:

1. *Daten, die zur Vertragserfüllung notwendig sind, dürfen auch weiterhin ohne Einwilligung verarbeitet werden.*
   Viele Träger lassen sich aufgrund der Unsicherheit jetzt jede Datennutzung und -verarbeitung quasi genehmigen. Dabei ist das

gar nicht notwendig. Denn alle Daten, die tatsächlich erforderlich sind, um den Vertrag an sich erfüllen zu können – und das fängt bei der Frage an, ob überhaupt ein Vertrag abgeschlossen wurde, und geht bis hin zur Frage, dass der Vertrag wieder beendet wird – darf der Vertragspartner ganz ohne Einwilligung verarbeiten. Hierfür gibt es eine gesetzliche Erlaubnis.
Da eine datenschutzrechtliche Einwilligung immer freiwillig sein muss und die Verweigerung keine rechtlichen Nachteile nach sich ziehen darf, wäre alles andere auch gar nicht möglich. Denn verweigern Eltern die Einwilligung, dass ihre Kontaktdaten für den Vertrag genutzt werden, würde der Träger hier ja gar nicht erst einen Vertrag abschließen. Das macht also keinen Sinn.
Allerdings müssen die Betroffenen – also Eltern für ihre Kinder, aber auch Mitarbeiter – informiert werden, welche Daten zu welchem Zweck verarbeitet werden.

2. *Informationen zur Datenverarbeitung müssen allen Eltern und Mitarbeitern zur Verfügung gestellt werden.*
   Beim ersten Kontakt, genauer sobald das erste Mal personenbezogene Daten erhoben werden, müssen Eltern (für ihre Kinder) und Mitarbeiter darüber informiert werden, welche Art von Daten von ihnen zu welchem Zweck erhoben und verarbeitet, an wen sie weitergegeben und auf welcher Rechtsgrundlage sie überhaupt erhoben werden.
   Das passiert am besten mit einem Informationsblatt, was auch zusätzlich am Schwarzen Brett aushängen oder auf der Webseite veröffentlicht werden kann.
   Der Träger muss auch nur informieren, ein Unterschreiben des Blattes ist nicht notwendig.

3. *Für Fotos und Videos benötigt der Träger eine Einwilligung der Eltern für ihre Kinder und der Mitarbeiter.*
   Für Daten, die nicht zwingend für die Vertragserfüllung notwendig sind, ist auch weiterhin eine ausdrückliche Einwilligung der Eltern (auch für ihre Kinder) und der Mitarbeiter notwendig. Das gilt z. B. zwingend für Fotos, auch wenn mehrere Kinder abgebildet sind.
   Dabei muss die Einwilligung freiwillig erteilt werden und es dürfen keine rechtlichen(!) Nachteile für die Kinder, Eltern oder Mitarbeiter daraus entstehen, dass die Einwilligung nicht erteilt oder später ganz oder teilweise widerrufen wird.
   Ganz wichtig aber ist, dass über die einzelnen Zwecke genaues-

tens informiert wird und jedem Zweck gesondert zugestimmt werden kann.
Das galt allerdings tatsächlich vor der DS-GVO auch schon. Also eigentlich gar nichts Neues.

4. *Wenn Kinder sich nicht fotografieren lassen wollen, ist das absolut ihr Recht!*
   Während Kinder – jedenfalls in Krippe und Kita – selbstverständlich noch nicht selbst einwilligen können, dass Fotos von ihnen gemacht und veröffentlicht werden, weil ihnen dafür einfach das Verständnis über die Tragweite dieser Entscheidung fehlt, können sie aber sehr wohl entscheiden, ob sie das möglicherweise von ihren Eltern erteilte Recht wieder einschränken wollen.
   Sie können also jederzeit sagen, dass sie nicht fotografiert werden wollen oder dass ihnen dieses Foto gerade nicht gefällt und von der Pinnwand weg soll. Und weil es ihr höchstpersönliches Recht am eigenen Bild ist, müssen der Träger und jeder einzelne Erzieher dies auch ernst nehmen und entsprechend handeln.

5. *Bei der Versendung von Infos via E-Mail muss darauf geachtet werden, dass die E-Mail-Adressen nicht einsehbar sind.*
   Egal ob es um die Erinnerung an den Elternabend oder den Waldausflug geht, Eltern geben oft genug der Einrichtung eine andere E-Mail-Adresse, als im privaten Bereich. Denn wenn es um die Kinder geht, möchten sie im Zweifel auch aus der Sitzung rausgerissen werden – geht es darum, wer beim nächsten Kita-Flohmarkt Kuchen mitbringt, reicht die Mitteilung vielleicht auch abends.
   Damit das aber so bleibt, sollten Kita-Leitung und Erzieher darauf achten, dass die Ihnen für wichtige Fragen gegebene E-Mail-Adresse nicht für jeden sichtbar ist oder von anderen genutzt werden kann. Dafür kann man eine E-Mail in Bcc versenden, so dass kein Empfänger sieht, wer diese E-Mail noch erhalten hat.
   Das geht übrigens auch mit E-Mail-Verteilern.

6. *Auch auf die Webseite der Kita gehört neben dem Impressum eine vollständige Datenschutzerklärung.*
   Dass jede Webseite ein Impressum benötigt, ist den meisten klar. Aber auch eine Datenschutzerklärung ist notwendig, um die Besucher darüber zu informieren, welche Daten möglicherweise gerade von ihnen erhoben werden. Insbesondere gilt dies natürlich, wenn Sie ein Kontaktformular auf der Seite haben.

7. *Das erweiterte Führungszeugnis gehört auch weiterhin nicht in die Personalakte.*
   Nach § 72a SGB VIII muss ein Träger sich regelmäßig das erweiterte Führungszeugnis vorlegen lassen, um zu prüfen, ob tätigkeitsausschließende Vorstrafen vorliegen. „Vorlegen lassen" heißt aber genau das: vorlegen lassen. Hierzu machen Sie sich dann einen entsprechenden Vermerk, wann von welchem Mitarbeiter das erweiterte Führungszeugnis von welchem Datum vorgelegt wurde und dass keine entsprechenden Vorstrafen vorlagen.

8. *WhatsApp und Co. sollten nicht für personenbezogene Daten verwendet werden.*
   Insbesondere Fotos sollten hierüber nicht verschickt werden. Denn die Daten werden über die USA geschickt und dort auch gespeichert und der Träger kann nicht sicherstellen, dass die Daten dort sicher sind.
   Ob eine Einwilligung der Eltern hier ausreichen würde, ist übrigens auch extrem umstritten. Der sicherere Weg ist es, jedenfalls vonseiten der Kita auf diesen Kanal zu verzichten.

9. *Betroffene Personen – also Kinder, Eltern und Mitarbeiter – haben einen Anspruch auf konkrete Auskunft zu den über sie gespeicherten Daten.*
   Diese Auskunft bezieht sich auf das was (ist gespeichert), wie (analog, digital, cloud), wozu (also Zweck dieser Information), wie lange (wann wird gelöscht bzw. vernichtet) und an wen (werden diese Daten herausgegeben, sowohl intern als auch extern).
   Für die Auskunft hat der Träger allerdings etwas Zeit, das Gesetz sieht eine entsprechende Information binnen eines Monats vor.

Was ist sonst noch wichtig?

Nun ja, der Träger ist verantwortlich für die Einhaltung des Datenschutzes. Er muss Maßnahmen ergreifen, damit sensible Informationen über Kinder und Mitarbeiter nicht verloren gehen oder gar in die falschen Hände gelangen.

Dazu gehört dann entsprechend auch, dass die Arbeitsgeräte vom Träger geprüft werden müssen. Bei der Arbeit von zu Hause ist das natürlich schwer möglich – der Träger weiß nicht, wer Zugriff auf den Laptop hat, ob es verschiedene Nutzerprofile gibt, ob die Daten passwortgesichert sind. Wenn die Arbeit von zu Hause erledigt werden muss, sollte der Träger also zumindest einige Vorsorgemaßnahmen ergreifen, um die Daten der Kinder bestmöglich zu schützen.

Die Namen der Kinder unter Bildern oder in der Garderobe sollen unter anderem dazu dienen, dass die stolzen Künstler erkannt werden und dass in der Garderobe der Zusammenhang zwischen Namen und Fotos hergestellt wird. Natürlich gäbe es hier auch andere Möglichkeiten, etwa mit Symbolen, die sich dann auch an den Portfolios und den Handtuchhaken wiederfinden. Der Vorname an sich dient aber einem spezifischen pädagogischen Zweck, so dass man die Nutzung damit gut rechtfertigen kann.

Bei der Zusammenarbeit mit externen Beratern ist der Träger natürlich ebenfalls an den Datenschutz gebunden. Sinnvoll ist es hier, diese externen Personen auch auf das Datengeheimnis zu verpflichten – erfahren sie dann sensible Daten, wissen sie jedenfalls, dass diese intern bleiben müssen und nicht einfach weitergetragen werden dürfen.

Gleiches gilt auch für Schnupperpraktikanten, denn die Mitarbeit ist natürlich nur dann sinnvoll möglich, wenn diese bestimmte (nicht alle!) Daten zu den Kindern wissen. Eine Belehrung zum Datenschutz mit einer Verpflichtung auf das Datengeheimnis ist hier sinnvoll.

Und zuletzt zum vermeintlichen Recht der Eltern, die Buchführungsunterlagen einzusehen – wobei es hier aber eher um die Wahrung von Betriebsgeheimnissen denn um eine Angelegenheit des Datenschutzes geht: Ihr Träger handelt in der Rechtsform der gUG. Deshalb gilt das GmbH-Gesetz. Hiernach (§ 51a GmbHG1) sind Sie höchstens Ihren Gesellschaftern zur Einsichtsgewährung verpflichtet, nicht aber Dritten. Da Sie aber Ihren Sitz in Berlin haben, können sich Informationsrechte (aber nicht Einsichtsrechte) aus § 14 KitaFöG2 (Elternbeteiligung) ergeben. Dieses Recht steht jedoch nur der Elternvertretung zu, nicht aber einzelnen Eltern. In einigen anderen Bundesländern, aber längst nicht allen, gibt es ähnliche Regelungen (z. B. Art. 14 Bayer. KiBiG, § 27 Hessisches KJGB oder § 6 SächsKitaG).

Gerade im Fasching wird wieder fleißig geknipst und Fotos von unseren verkleideten Kindern sind auf unserer Homepage sowie in der Stadtzeitung zu finden. (Beim fast anschließenden Ostereier-Suchen ist es übrigens das gleiche.) Wir lassen von den Eltern immer ein allgemeines Formular unterschreiben, auf denen Sie ankreuzen können, in welchen Medien die Fotos ihres Kindes veröffentlicht werden dürfen.

Nun hat mir aber neulich eine Kollegin berichtet, dass bei digitaler Veröffentlichung (unsere Kita ist auch auf Facebook) nochmals extra ein Formular für jedes Foto auszufüllen sei. Können Sie dies bestätigen? Gibt es hier rechtliche Vorlagen? Und noch zwei Fragen:

1. *Wie ist es mit Eltern, die mit auf Veranstaltungsfotos sind?*
2. *Wir haben auch ältere Schulkinder, die Smartphones haben. Sollen wir in der Kita hier generell das Fotografieren damit verbieten?*

Tatsächlich sind Fotos ja immer wieder ein Thema, wo die Meinungen ziemlich auseinandergehen. Es herrscht eine große Unsicherheit, was man darf und was man lieber lassen sollte. So pauschal kann man zur Auskunft Ihrer Kollegin daher auch gar keine Aussage treffen. Aber einige Grundsätze kann man dann doch aufstellen, die in der Zukunft bei solchen Fragen herangezogen werden können.

Bei Fotos von Kindern, Eltern und Erziehern handelt es sich auch um personenbezogene Daten – schließlich sind die Personen, zumindest meistens, erkennbar. Also muss man die datenschutzrechtlichen Grundsätze beachten, deren erster lautet, dass jede Datenerhebung (also z. B. das Fotografieren von Kindern), -verarbeitung, -verbreitung (hier die Veröffentlichung) und -speicherung (auf der Speicherkarte oder dem Rechner) verboten ist, wenn sie nicht explizit erlaubt ist.

Eine solche Erlaubnis kann entweder das Gesetz vorsehen oder individuell durch eine auf den Einzelfall bezogene vorherige Einwilligung des Betroffenen gegeben werden. Betroffene sind diejenigen bestimmten oder bestimmbaren Personen, über deren persönliche oder sachliche Verhältnisse die Angaben etwas aussagen – also hauptsächlich die Kinder, deren Eltern als Sorgeberechtigte und auch Erzieher.

Auch das bei Fotos speziellere sogenannte Kunsturhebergesetz sieht vor, dass eine Einwilligung des Abgebildeten vor einer Veröffentlichung einzuholen ist. So heißt es in § 22 KunstUrhG:

> „Bildnisse dürfen nur mit Einwilligung des Abgebildeten verbreitet oder öffentlich zur Schau gestellt werden. Die Einwilligung gilt im Zweifel als erteilt, wenn der Abgebildete dafür, dass er sich abbilden ließ, eine Entlohnung erhielt."

Gerade bei Berichterstattung in den Tagesmedien könnte es natürlich durchaus auch mal eine Entlohnung geben, so dass in diesem Fall eine gesonderte Einwilligung nicht mehr erforderlich wäre. Um sicherzugehen, sollten Sie aber trotzdem eine Einwilligung unterschreiben lassen. Wichtig ist dabei, dass Kinder zwar selbst Inhaber des Rechts am eigenen Bild sind, dieses aber selbst noch nicht wahrnehmen können. Die Einwilligung muss also auch in diesem Bereich von den Erziehungsberechtigten eingeholt werden.

Mit dem Formular machen Sie also grundsätzlich schon einmal vieles richtig. Wichtig ist dabei, dass die Einwilligung der Abgebildeten – oder bei Kindern deren Sorgeberechtigten – informiert und freiwillig erfolgen und jederzeit mit Wirkung für die Zukunft durch diese widerrufen werden können muss.

Sie müssen also in dem Formular über die geplante Verwendung der Fotos so umfassend wie möglich informieren: Wer hat Zugriff auf die Fotos? Sollen die Fotos auf die Website oder gar in sozialen Netzwerken veröffentlicht werden? Kommen die Fotos nur an die Pinnwand im Gruppenraum?

Je genauer und umfassender die Betroffenen informiert sind, desto sicherer ist auch die Einwilligung und Sie als Leitung laufen nicht Gefahr, eine unwirksame Einwilligung in den Händen zu halten.

Selbstverständlich können Sie dabei auch mehrere Zwecke in einer Einwilligung zusammenfassen. Wichtig ist nur, dass die Betroffenen die Möglichkeit haben, jedem einzelnen Veröffentlichungskanal zuzustimmen, also etwa der Veröffentlichung in der Lokalzeitung, aber z. B. nicht der Veröffentlichung auf Facebook.

Die Einwilligung muss dabei von den Betroffenen auch freiwillig gegeben werden. Eine Verweigerung darf also nicht mit irgendwelchen rechtlichen Nachteilen für die Kinder, deren Eltern oder Ihre Mitarbeiter verbunden sein.

In die gleiche Richtung geht, dass diese freiwillig gegebene Einwilligung selbstverständlich auch jederzeit mit Wirkung für die Zukunft wieder zurückgenommen, also widerrufen werden kann. Dass Sie dann die Veröffentlichung in der Tageszeitung nicht rückgängig machen können, ist klar. Inwiefern Sie aber Fotos trotzdem weiter verwenden dürfen oder diese löschen müssen, hängt vom Einzelfall ab. Auch hierüber können Sie aber in der Einwilligungserklärung bereits informieren.

Sie als Leiter eines Kinderhauses tun dann auch gut daran, diese Einwilligung zwingend zu beachten. Denn tatsächlich ist es in der Vergangenheit bereits zu Abmahnungen wegen unberechtigter Bildnutzung auch gegenüber Kitas gekommen. Aber auch Schadensersatzansprüche sowie Bußgelder durch die Aufsichtsbehörden sind denkbar.

Selbstverständlich sieht das Kunsturhebergesetz auch die berühmte Ausnahme „Bildnisse aus dem Bereich der Zeitgeschichte" vor, die ohne Einwilligung veröffentlicht werden dürfen. Im Bereich Kita und Co. halten wir diesen Ausnahmetatbestand jedoch für fast nie einschlägig, so dass Sie mit einer trotzdem eingeholten Einwilligung auf der sicheren Seite stehen.

Ihre erste Zusatzfrage hat sich damit schon mitbeantwortet: Selbstverständlich benötigen Sie auch von zu fotografierenden Eltern zu Zwecken der Veröffentlichung eine Einwilligung. Gleiches gilt dann natürlich auch für Ihre Mitarbeiter.

Auf Eltern oder Kinder, die ebenfalls fotografieren, haben Sie selbstverständlich keinen Einfluss. Sie können aber natürlich darauf hinweisen, dass im Rahmen der gegebenen Einwilligungen auch anderen Eltern der Zugriff auf die offiziellen Fotos gegeben wird. Vielleicht freuen sich die Familien dann wieder mehr am direkten Anblick ihrer Sprösslinge, ganz ohne störende Kamera vor dem Auge.

Gerade im Bereich Fotos von Kindern ist nicht zu spaßen. Mit einer umfassenden Erklärung zur geplanten Verwendung geben Sie Eltern und Arbeitnehmern Vertrauen in die korrekte Datenverwendung, nicht nur in der Faschingszeit.

?

Momentan stehen wir vor dem Problem, dass eine Mutter am Nachmittag stark alkoholisiert war und in den Kindergarten torkelte, um ihr Kind zu abzuholen. Meine Kolleginnen konnten die Situation lösen, indem sie die Großmutter anriefen und dazu holten, aber wir gehen davon aus, dass dies wieder passieren wird.

Wie können wir rechtlich richtig handeln?

!

Die Problematik von bei der Abholung alkoholisierten Eltern wird uns leider immer wieder deutschlandweit in unseren Fortbildungen gestellt. Dass diese Frage praktisch ausnahmslos vorkommt, bestätigt eine traurige Entwicklung. Zwar könnte man trefflich darüber streiten, ob der Grad der Alkoholisierung jeweils ein daran anzupassendes Verhalten von Träger bzw. Team erfordern sollte. Das Problem ist jedoch: Der tatsächliche Grad der Alkoholisierung wird in den allermeisten Fällen gerade von Laien nicht festzustellen sein. Und fadenscheinigen Beteuerungen sollte eher wenig Vertrauen entgegengebracht werden.

Daher kann nur angeraten werden, eine strenge „Null-Alkohol-Politik“ bei der Abholung vorzugeben und auch umzusetzen. Denn im Fall einer Fehleinschätzung werden sich sonst die aufsichts- und fürsorgeverpflichteten Erzieher die Frage gefallen lassen müssen, aufgrund welcher besonderen Sachkenntnis sie zu ihrer Einschätzung gelangt sein wollen.

Soll diskret gehandelt werden, kann man den betroffenen Elternteil ja bitten, eine andere abholberechtigte Person herbeizurufen oder diese gar – z. B. aus dem Kreis anderer gerade abholender Personen – kurzerhand zu benennen. In den meisten Fällen dürfte sich das Problem dann schon gelöst haben. Sicherlich kann auch angeboten werden, für das Herbeieilen einer anderen Person noch eine gewisse Zeit zu warten.

In beiden Fällen sollte das Verhalten jedoch in einem Gespräch im Nachgang, was jedoch noch nicht in dieser Situation angekündigt werden sollte, aufgearbeitet werden.

Zeigt sich eine gewisse Uneinsichtigkeit, so können auch proaktiv selber andere abholberechtigte Personen gemäß Abholliste kontaktiert werden. Zeigt sich absolute Uneinsichtigkeit sowie eine gewisse

Eskalation der Situation, so wird oftmals leider nichts anderes verbleiben, als die Polizei zu rufen und von dieser eine Klärung der Situation zu erbitten. Gegebenenfalls ist parallel die Einleitung des Kinderschutzverfahrens nach § 8a SGB VIII natürlich zu prüfen.

Häufig ist es hilfreich, entsprechende Vorgaben zur Vorgehensweise im Fall der Fälle für alle Kollegen im Team zu verschriftlichen. Denn dadurch lassen sich Missverständnisse zu den Weisungen von Träger und/oder Kita-Leitung eher ausräumen und es stärkt die Erzieher, die sich hierauf im Zweifelsfall gegenüber den Eltern berufen können.

Wie so etwas aussehen könnte, haben wir nachfolgend einmal dargestellt.

Muster-Dienstanweisung[2]

Umgang mit alkoholisierten Abholpersonen/Eltern (bei Abholung)

Arbeitsanweisung:

Ist eine abholberechtigte Person alkoholisiert oder erweckt sie den Eindruck, alkoholisiert zu sein, so darf ein Kind an diese einzelne Person nicht herausgegeben werden.

Handelt es sich bei der alkoholisierten Person um einen sorgeberechtigten Elternteil und lässt es der Grad der Alkoholisierung zu, ist dieser Elternteil aufzufordern, die Einrichtung zu verlassen und mit einer zusätzlichen, nicht alkoholisierten, Person zurückzukehren. Sofern diese Person nicht bekannt sein sollte, ist sich dessen Ausweisdokument mit Lichtbild zeigen zu lassen und eine schriftliche Notiz über den Vorfall unter Angabe des Datums und der Uhrzeit und des Namens der weiteren Person anzufertigen.

Der Träger ist im Nachgang über den Vorfall zu informieren.

Weigert sich der alkoholisierte Elternteil, eine zusätzliche Hilfsperson zu holen, ist die Person der Einrichtung zu verweisen und über die Kontaktliste/Notfallliste zu versuchen, andere abholberechtigte Personen zu erreichen. Ist dies nicht erfolgreich, ist der Kindernotdienst zu verständigen.

Im Fall einer Eigengefährdung oder einer Gefährdung der Kinder oder bei einer ansonsten bedrohlich wirkenden Situation ist gegenüber der alkoholisierten Abholperson ein Hausverbot auszusprechen und bei Nichtbeachtung sofort die Polizei um Hilfe zu bitten. Unter Umständen kann es geboten sein, sofort die Polizei zu rufen.

Der Träger ist im Nachgang auch hiervon unverzüglich zu unterrichten.

Diese Arbeitsanweisung tritt mit sofortiger Wirkung/tritt ab dem ... (Tag/Monat/Jahr) in Kraft.

Die Kenntnisnahme ist durch jede/n Beschäftigte/n durch Unterschrift zu bestätigen. Es wird darauf hingewiesen, dass eine Missachtung dieser Dienstanweisung arbeitsrechtliche Konsequenzen zur Folge haben kann.

Ort / Datum

Unterschrift Arbeitgeber / Unterschrift Mitarbeiter

---

2 Ihlenfeld, Lars/Klaus, Holger (2017): Dienstanweisungen für Kindergarten, Krippe und Hort. Weinheim und Basel: Beltz Juventa, S. 133

Seit einiger Zeit verbreiten zwei Elternpaare, die bis vor kurzem ihre Kinder bei uns in der Kita hatten, mutwillig üble Falschbehauptungen über unsere Einrichtung und über uns Erzieher, nur um uns zu schaden.

So wird gegenüber anderen Eltern z. B. unkonkret behauptet, wir würden absichtlich Kindeswohlgefährdungen in Kauf nehmen. Auch sei ein Kind – welches, wird natürlich nicht genannt – geschlagen worden und wir Erzieher hätten alle dies gewusst und gegenseitig befürwortet und gedeckt.

Wir sind völlig fassungslos über diese Behauptungen, die sich auch nach einer nochmaligen Untersuchung als völlig haltlos herausgestellt haben. Können wir gegen diese Eltern vorgehen?

Solche Vorwürfe können die Stimmung im Team sehr belasten. Leider kommt es immer häufiger vor, dass Eltern oder auch Nachbarn das Internet nutzen, um teilweise absurde Geschichten zu verbreiten oder einfach nur so, ganz ohne Begründung, eine Ein-Sterne-Rezension zu veröffentlichen.

Grundsätzlich gilt natürlich in Deutschland die Meinungsfreiheit. Jeder darf also seine Meinung kundtun. Grenze hierfür ist aber zum einen die sogenannte Schmähkritik, also simple Beleidigungen muss man nicht ertragen. Aber auch das Verbreiten falscher Tatsachen muss man nicht hinnehmen.

Richtigerweise haben Sie diese Vorwürfe zunächst noch einmal gründlich untersucht. Da die Vorwürfe offensichtlich falsch sind, haben Sie zivilrechtliche Ansprüche auf Unterlassung dieser Behauptungen. Dabei würden Sie zunächst die Eltern anschreiben und auffordern, solche Behauptungen zu unterlassen. Passiert dies nicht, können Sie hierfür auch gerichtliche Hilfe in Anspruch nehmen.

Erscheint eine negative Bewertung auf einem Bewertungsportal, ist meist nicht erkennbar, wer die Rezension verfasst oder eben nur einen Stern vergeben hat. Hier gibt es inzwischen einige Gerichtsentscheidungen, die dann einen Anspruch auf Löschung gegenüber dem Bewertungsportal sehen.

Daneben wäre zu prüfen, ob Anzeige wegen Übler Nachrede oder Verleumdung gegen die Eltern gestellt werden kann.

Ganz hilflos sind Sie also nicht. Einige Dinge können Sie unternehmen, um diese Behauptungen einzudämmen.

Immer wieder kommt es vor, dass Eltern uns ihr Kind – manchmal mit fiebersenkendem Mittel „eingestellt" – übergeben und dieses im Laufe des Tages fiebrig wird. Melden wir uns dann bei den Eltern und bitten sie, ihr Kind abzuholen, stößt das oft auf Unverständnis.

Ich würde mein Team gern informieren, wie die Rechtslage ist. Können wir verlangen, dass das Kind abgeholt wird? Dürfen wir die Annahme des Kindes verweigern?

!

Sie können und müssen Eltern gegenüber entschieden auftreten. Sie haben hierfür das Infektionsschutzgesetz auf Ihrer Seite. Der § 34 dieses Gesetzes regelt ausdrücklich für Gemeinschaftseinrichtungen wie Kindertagesstätten, dass bei einem *Verdacht* auf das Vorliegen einer der dort aufgelisteten ansteckenden Krankheiten ein Besuch der Kita verboten ist.[3]

Da Fieber oft mit den dort aufgezählten Erkrankungen, zu denen z. B. auch Scharlach, Mumps, Masern oder Windpocken gehören, einhergeht, kann auch bei erhöhter Temperatur durchaus der Verdacht auf eine Infektionsgefahr bestehen.
Sie sind dann befugt, in diesen Fällen ein Verbot auszusprechen und von den Eltern zu verlangen, einen ärztlichen Nachweis zu erbringen, dass keine Ansteckungsgefahr (mehr) besteht.

Wir empfehlen dennoch zusätzlich, in Ihrem Betreuungsvertrag ausdrücklich zu regeln, dass eine Betreuung eines ansteckend kranken Kindes – auch wenn es nur leichtes Fieber hat – nicht erfolgt und dieses, wenn es im Laufe des Tages erkrankt, so schnell wie möglich von den Eltern abgeholt werden muss.

Im Sinne der Erziehungspartnerschaft können Sie die Eltern noch darüber aufklären, dass diese als Arbeitnehmer nach § 45 SGB V einen Anspruch auf Krankengeld haben und parallel dazu einen Freistellungsanspruch (Sonderurlaub) gegen ihren Arbeitgeber. Dieser Anspruch besteht immerhin für 10 Tage im Jahr, für Alleinerziehende sogar an 20 Tagen.

---

3 http://www.rki.de/DE/Content/Infekt/IfSG/Belehrungsbogen/belehrungs bogen_eltern_deutsch.pdf?__blob=publicationFile, Abrufdatum: 9.10.2018

?

Mich würde interessieren, ob Eltern, wenn sie den Kindergarten verlassen (sei es weil das Kind in die Schule kommt oder in einen anderen Kindergarten wechselt), ein Recht darauf haben, Protokolle von Elterngesprächen zu bekommen bzw. allgemein die Unterlagen von ihrem Kind (z. B. auch Anmeldebögen, Einverständniserklärungen usw.).

Bei Elterngesprächen habe ich auch meist im Anschluss gleich eine Kopie des Protokolls mitgegeben. Aber gibt es auch eine rechtliche Regelung dafür?

Ich hatte vor ein paar Tagen ein Aufnahmegespräch mit einer Familie aus der Nachbargemeinde, bei der sich die Leiterin weigert, die Unterlagen des Kindes mitzugeben bzw. den Eltern auszuhändigen. Eben auch Kopien der Elterngespräche. Das sei Datenschutz. Aber es handelt sich doch um das eigene Kind! Für mich ist dies völlig unverständlich.

!

Tatsächlich wird an vielen Stellen der vermeintliche Datenschutz vorgeschoben, wo er überhaupt nichts zu suchen hat. Das ist dann etwa der Fall, wenn es darum geht, dass Eltern Einblick in die Entwicklungsdokumentation haben wollen oder eben Gesprächsprotokolle nachlesen möchten.

Der Träger darf grundsätzlich nur in drei Fällen personenbezogene Daten – seien es Name, Anschrift, Geburtsdatum, Telefonnummer oder Fotos – erheben, speichern und nutzen, nämlich wenn und solange es für seine Zwecke – etwa zur Vertragserfüllung – notwendig ist, es eine gesetzliche Grundlage dafür gibt oder wenn eine wirksame Einwilligung des Betroffenen oder seiner gesetzlichen Vertreter vorliegt.

Unabhängig davon, ob die Datenerhebung nun aus gesetzlicher Erlaubnis oder aufgrund einer Einwilligung erfolgt, hat derjenige, dessen personenbezogene Daten da verarbeitet werden, immer ein Recht darauf, Auskunft darüber zu erhalten, welche Daten zu ihm gespeichert werden (oder in Papierform vorliegen), an wen diese Daten weitergegeben und zu welchem Zweck diese Daten gespeichert werden. *Zudem besteht die Pflicht, darüber zu unterrichten.*

Was bedeutet das jetzt in der Kita?

Erst einmal vertreten die Eltern auch hinsichtlich des Datenschutzes ihr Kind. Das Kind selbst kann nämlich noch nicht wirksam einwilligen. Entsprechend können die Eltern für ihr Kind auch die Auskunft darüber verlangen, welche Daten zu welchem Zweck erhoben, verarbeitet und gespeichert werden. Auskunftspflichtig ist allerdings nicht der einzelne Erzieher direkt, sondern der Träger als sogenannter für den Datenschutz Verantwortlicher. Der Träger muss nämlich darauf achten, dass die datenschutzrechtlichen Vorgaben in seiner Einrichtung eingehalten werden, er ist also verantwortlich hierfür.

Wollen die Eltern also Auskunft haben, müssen sie sich zunächst direkt an den Träger wenden, der dann aber seine Mitarbeiter anweisen kann, die erforderlichen Auskünfte zu erteilen.

Wechselt das Kind die Kita oder wird eingeschult, fällt der Zweck für die Erhebung der meisten Daten weg, wie z. B. bei der Entwicklungsdokumentation, aber auch bei Fotos und zumindest teilweise auch solche Daten wie Geburtsdatum oder ähnliches. Entfällt der Zweck, dürfen Daten aber auch nicht mehr aufgehoben werden. Sie müssen dann – wenn es nicht gesetzliche Aufbewahrungsfristen, wie etwa für Zahlungsbelege im Steuerrecht, oder sonstige wichtige Gründe gibt, vernichtet oder an den Betroffenen herausgegeben werden.

Hier also mit Verweis auf den Datenschutz eine Herausgabe zu verweigern, passt so gar nicht zu diesem Grundgedanken. Einzig wenn sich dort auch personenbezogene Daten anderer Kinder oder Erzieher finden, dürfte und müsste die Kita ohne Einwilligung der anderen Betroffenen tatsächlich die Herausgabe verweigern. In Elterngesprächen geht es aber meist nur um das eigene Kind, so dass ein Verweis auf den Datenschutz nicht greift.

Insbesondere im Hinblick auf die Entwicklungsdokumentation macht die Herausgabe ja auch Sinn. Schließlich will eine neue Kita ja auch wissen, wie sich das Kind bisher entwickelt hat und wo es vielleicht noch etwas Förderbedarf hat. Allerdings hat auch die neue Kita keinen Anspruch auf Herausgabe dieser Daten gegen die Eltern, die Eltern sind nicht verpflichtet, die Daten an die neue Kita zu geben!

Bleibt also nur noch das Argument, dass das Papier der Dokumentation doch Eigentum des Trägers ist. Dem wird man allerdings mit dem Angebot einer Kopie auf Kosten der Eltern sicherlich begegnen können.

?

Wir arbeiten im Nestchen-Bereich unserer Kita und haben ein Problem mit einem Krippen-Kind, das leider andauernd anderen Kindern Bisswunden zufügt. Die anderen Eltern sind deshalb in Sorge und auch ziemlich aufgebracht. Ein paar Eltern machen uns verantwortlich, andere wiederum fordern vom Träger, dass dieser das Betreuungsverhältnis für dieses Kind kündigt. Auch von Schmerzensgeld war bereits die Rede! Wir haben das Gefühl, es niemandem recht machen zu können, und wissen nicht mehr weiter...

!

Losgelöst vom pädagogischen Ansatz gilt es mehrere rechtliche Ebenen voneinander zu unterscheiden.

Das Kind selber haftet aufgrund seines Alters nicht. Auch die Eltern des Kindes haften nicht, da zu den betreffenden Zeiten die Aufsichtspflicht für dieses Kind bei der Kita lag. Und Schmerzensgeldansprüche sind wegen des Haftungsausschlusses in den §§ 104, 105 SGB VII ohnehin in aller Regel ausgeschlossen.

Die Kita bzw. der Träger oder die Erzieher haften nur, soweit sie ihre Aufsichtspflicht verletzt haben. Ob das hier der Fall war, können wir aus der Ferne natürlich nicht beurteilen. Als Faustformel gilt jedoch: „Es ist das zu tun, was ein verständiger Aufsichtspflichtiger nach vernünftigen Anforderungen im konkreten Fall unternehmen muss, um Schädigungen Dritter durch das Kind oder des Kindes selbst zu verhindern." Dem seid ihr sicherlich nachgekommen.

Ob den Eltern des Kindes das Betreuungsverhältnis gekündigt werden kann, hängt von der vertraglichen und von der – je nach Bundesland unterschiedlichen – gesetzlichen Regelung ab. Ist eine ordentliche Kündigung zwanglos möglich, ist der Sachverhalt klar. In Berlin aber ist zum Beispiel bei Bezug von öffentlichen Mitteln (Kita-Gutscheinsystem) eine ordnungsgemäße Kündigung ohne Grund seitens eines Trägers überhaupt nicht möglich. Stattdessen muss ein wichtiger Grund für eine Kündigung vorliegen.

Aber selbst bei Vorliegen eines wichtigen Grundes kann eine Kündigung nur das letzte Mittel darstellen. Zuvor muss geprüft werden, ob das Kind womöglich überfordert ist, so dass eine Verkürzung der Betreuungszeit den Eltern anzuraten ist. Auch stellt sich die Frage, ob das Verhalten des Kindes als derart auffällig einzuordnen ist, dass eine Fachberatung und ggf. besondere Betreuung angezeigt sind. Vor der rechtlichen Lösung sind also erst die pädagogischen Möglichkeiten restlos auszuloten.

Schlussendlich ist vor Ausspruch einer solchen außerordentlichen Kündigung grundsätzlich zuvor gegenüber dem Vertragspartner, d. h. in der Regel den Eltern, eine formgerechte Abmahnung auszusprechen. Nur bei ganz gravierenden Fällen, bei denen das Vertrauen in die Erziehungspartnerschaft unwiederbringlich zerstört ist oder andere Umstände eine Weiterbetreuung schlichtweg unzumutbar machen, kann hierauf verzichtet werden.

?

Wann beginnt und endet unsere Aufsichtspflicht eigentlich? Neulich setzte eine Mutter ihr fünfjähriges Kind zehn Minuten, bevor wir die Tür aufschließen, vor der Kita ab. Beim Öffnen der Gardinen konnte ich zufällig beobachten, wie es über den Zaun klettern und das Gelände verlassen wollte.

Ein anderes Elternpaar nutzt aus, dass wir nach dem Ende der Betreuungszeit noch ein paar Minuten vor Ort sind und aufräumen oder ein paar Absprachen zum nächsten Tag treffen, und kommt regelmäßig ein paar Minuten später. Das Kind spielt dann nebenbei im Garten. Es stört aber u. a. unsere Gespräche, weil wir immer noch mit einem Auge bei dem Kind sind. Was müssen wir tun und was können wir tun?

!

Mit dem Betreuungsvertrag übertragen die Eltern die ihnen obliegende Sorge für ihr Kind auf den Träger, der wiederum diese Verpflichtung Ihrem Team weiterreicht (§§ 832, 1626, 1631 BGB).

Während der vereinbarten Betreuungszeit sind Sie daher nach Übergabe des Kindes *vertraglich* verpflichtet, über das Wohl und Wehe des Kindes und über sein Verhalten gegenüber Dritten zu wachen. Außerhalb dieser Zeiten ergibt sich diese Verpflichtung nicht direkt aus dem Vertrag, wohl aber aus den sogenannten Nebenpflichten. Wenn Sie das Kind am Morgen ganz auf sich allein gestellt sehen, müssen Sie es daher in Ihre Obhut nehmen; das gilt natürlich umso mehr, wenn Sie erkennen, dass es sich in Gefahr bringt. Hier droht ansonsten sogar eine Strafbarkeit wegen unterlassener Hilfeleistung (§ 323c StGB).

Ähnliches gilt natürlich auch am Ende des Tages. Wenn Sie das Kind nicht an die zu spät kommenden Eltern zurückgeben können, bleiben Sie in der Verantwortung.

Sie können aber auf Ihren Träger einwirken, dass dieser in den Betreuungsvertrag Regelungen aufnimmt, die ein zusätzliches Entgelt bei Überziehung der Betreuungszeit vorsehen, denn schließlich muss er unter anderem für Ihre so entstehenden Überstunden aufkommen. Außerdem sollte der Träger wiederholtes Zuspätkommen abmahnen und ggf. bei hartnäckiger Wiederholung durch die Eltern auch den Vertrag kündigen. Ein Hinweis darauf, dass die Kinder nach einer gewissen Zeit der Überschreitung dem Kindernotdienst oder einer ähnlichen öffentlichen Einrichtung übergeben werden, könnte auch für ein wenig mehr Disziplin beim Abholen sorgen.

?

Wir empfinden es als sehr bereichernd, dass wir in unserer Kita Familien aus verschiedensten Kulturkreisen begleiten.

Daher haben wir auch zahlreiche Mütter, die Burkas tragen. Hier kann man lediglich die Augen erkennen. Wir respektieren das, jedoch erwähnte im Team eine Kollegin, dass sie sich heute beim Abholen eines Kindes nicht sicher gewesen sei, ob das wirklich die Mutter war. Wie können wir uns hier verhalten und uns rechtlich schützen?

!

Auch wir begrüßen Vielfältigkeit in der Kita. Dass eine Mutter, die eine Burka trägt, ihr Kind aus der Kita abholen möchte, stellt Kindertageseinrichtungen immer öfter vor ein Problem. Wie können die Erzieher sicher sein, dass es sich tatsächlich um die erziehungs- bzw. abholberechtigte Person handelt, in dessen Obhut sie das Kind übergeben dürfen? Eine vollverschleierte Person, die hier auf ihrem Persönlichkeitsrecht bestehen will, wird sich aus religiösen Gründen zudem oftmals nur gegenüber einer Erzieherin in einem separaten Raum offenbaren. Dies erscheint kaum praktikabel und wird mit der zu begrüßenden Verbreitung von männlichen Erziehern, gerade auch in den Randzeiten, die Kitas vor meist unlösbare Probleme stellen.

Hier wird man im Einzelfall mit den betreffenden Müttern sprechen und eine gemeinsame Regelung finden müssen, damit die Übergabe des Kindes gesichert erfolgen kann und die Erzieher ihrer Aufsichtspflicht ordnungsgemäß nachkommen können. Hier bieten sich z. B. „Code-Wörter“ an, die Sie immer wieder neu mit der Mutter vereinbaren. Sollte dies nicht eingehalten werden, ist die Aufsichtspflicht nicht gewährleistet, und es wird wohl zu einer Auflösung des Betreuungsverhältnisses kommen müssen.

Die Eltern eines Kindes, das im kommenden Sommer in die Schule wechselt, wünschen, dass es nach der Kita allein nach Hause geht. Ich habe große Bedenken, da es sich um ein äußerst kreatives Kind handelt, das außerdem mit einem großen Bewegungsdrang ausgestattet ist.

Müssen wir uns nach den Eltern richten?

Diese Frage ist unter Pädagogen und Juristen hoch umstritten. Grundsätzlich aber entscheiden die Eltern über die Art und Weise, wie sie ihre elterliche Sorge ausüben. Hier sind Eltern sehr unterschiedlich. Unser Grundgesetz lässt ihnen aus gutem Grund hier einen erheblichen Spielraum (Art. 6 Grundgesetz). Sie haben sich daher ohne andere vertragliche Abrede im Regelfall diesem Wunsch zu beugen. Nur wenn das Kind am Ende des Kita-Tages einen kränklichen Eindruck macht, vielleicht aufgewühlt wurde durch einen heftigen Streit, sich die Verkehrslage durch eine Baustelle erheblich verändert hat oder ein Gewitter im Anzug ist, sollten Sie die Eltern anrufen und darauf bestehen, dass ihr Kind abgeholt wird.

P.S.: Natürlich sollten Sie das Kind nicht allein nach Hause schicken, solange Ihnen nicht eine eindeutige schriftliche Erklärung der Eltern vorliegt.

?

Wir haben in unserer Einrichtung zurzeit Eltern, die sich im Rahmen ihrer Scheidung seit längerem einen schlimmen „Rosenkrieg" liefern. Die Mutter, die eigentlich immer bringt und abholt, will nun von uns die Zusage, das Kind auf keinen Fall an den ebenfalls sorgeberechtigten Vater herauszugeben, sollte dieser tagsüber zum vorzeitigen Abholen erscheinen. Wir sind völlig verunsichert! Wie sollen wir uns verhalten?

!

Die Verunsicherung können wir gut nachvollziehen. Aber auch hier hat sich der Gesetzgeber bereits Gedanken gemacht und eine Lösung in § 1687 Satz 2 BGB normiert. Danach hat der Elternteil, bei dem sich das Kind nach der Trennung gewöhnlich aufhält, die Befugnis zur alleinigen Entscheidung in Angelegenheiten des täglichen Lebens.

Nach ihrer Schilderung scheint das Kind sich gewöhnlich bei der Mama aufzuhalten, da diese stets bringt und abholt. Daher darf auch die Mutter festlegen, dass das Kind nicht vorzeitig oder auch generell nicht vom Vater aus der Kita abgeholt werden soll. Diesen Wunsch der Mutter müssen Sie beachten und dürfen das Kind tatsächlich nicht an den Vater herausgeben.

Etwas anderes gilt nur, wenn der Vater Ihnen eine Vereinbarung oder einen gerichtlichen Beschluss zum Umgang mit seinem Kind vorlegt. Dann müssen Sie es dem Vater herausgeben, genauso wie einer dritten Person, die der Vater bestimmt hat – auch wenn es die neue Partnerin ist und die Mutter vehement dagegen protestiert.

Rund ums Team

?

In meiner „Inklusions-Kita" leben wir den Gedanken der Diversität als Bereicherung nicht nur bei den Kindern, sondern auch im Team. Auch unsere Trägerschaft wählte die Mitarbeiter bezüglich ihrer verschiedenen Stärken und Kompetenzen aus. In letzter Zeit tauchen in der Auseinandersetzung mit Trägerschaft und Eltern immer wieder Überlegungen auf, zu denen ich Antworten anhand von Rechtsgrundlagen benötige.

Meine Frage bezieht sich auf meine Mitarbeiter:

- *Kürzlich entbrannte eine riesige Debatte über Tattoos. Müssen Mitarbeiter ihre Tattoos unter der Kleidung verbergen, so dass sie für Kinder und Eltern nicht sichtbar sind? Kann man das gerade im Sommer verlangen?*
- *Seit Dezember haben wir eine Erzieherin, die im Rollstuhl sitzt. Wenn ich ihr als Leitung die Aufsichtspflicht zutraue, kann ich sie diese dann alleine im Garten diese übernehmen lassen?*

Tattoos bei Mitarbeitern

!

Sicherlich gibt es eine Möglichkeit, Fragen wie das Erscheinungsbild bereits vorab über den Arbeitsvertrag zu regeln. Ist das nicht der Fall gewesen, ist sowohl auf den Inhalt als auch die Anzahl der in Frage stehenden Tätowierungen abzustellen. Gerade im Hinblick auf den Inhalt wäre zu prüfen, ob dieser womöglich mit der Ausrichtung und dem Konzept der Einrichtung in Widerspruch steht. Plakativ ausgedrückt: Ein kirchlicher Träger wird es sicherlich nicht hinnehmen müssen, dass satanistische oder heidnische Zeichen als Tätowierung äußerst sichtbar gezeigt werden. Hier wird selbst unter Abwägung des Persönlichkeitsrechts des Arbeitnehmers ein Vorrang der Interessen des Arbeitgebers zu bejahen sein. In kommunalen Einrichtungen dürfte zudem das Gebot einer weltanschaulichen Neutralität durch den Träger zu beachten sein, der schon deshalb gefordert ist, mittels seines Weisungsrechts im begründeten Einzelfall zum Verhüllen dieser Tätowierungen aufzufordern.

Wieder ein anderer Punkt mögen Tätowierungen sein, die von Kindern als gruselig oder bedrohlich empfunden werden können. Ist das der Fall oder steht das zu befürchten, ist eine Erzieherin schon von sich aus verpflichtet, im Rahmen der arbeitsvertraglichen Treuepflichten für eine Nichtsichtbarkeit zu sorgen. Vergisst er oder sie das, kann der Arbeitgeber hierauf verweisen und über sein Direktionsrecht sein vorrangiges Interesse an einer geordneten und gesicherten Kinderbetreuung durchsetzen.

In diesem Zusammenhang ist allerdings stets der arbeitsrechtliche Gleichbehandlungsgrundsatz zu beachten, der den Arbeitgeber verpflichtet, nicht einzelne Arbeitnehmer oder Gruppen von Arbeitnehmern ohne sachlichen Grund unterschiedlich zu behandeln. Das bedeutet konkret: Wenn provokante Tätowierungen verhüllt werden sollen, hat das für alle Erzieher gleichermaßen zu gelten.

Aufsichtspflicht der Mitarbeiterin im Rollstuhl

Zunächst einmal ist natürlich hervorzuheben, dass eine Erzieherin im Rollstuhl genauso tolle Arbeit am Kind verrichten kann, wie jede andere Erzieherkraft auch. Ebenso kann die Aufsicht verlässlich durchgeführt werden. Es kommt jedoch auf die Umstände im Einzelfall an.

Dabei birgt die alleinige Aufsicht im Garten im Einzelfall womöglich die Gefahr, dass dieser aufgrund der körperlichen Bewegungseinschränkung nicht ordnungsgemäß, d. h. im konkreten Fall mit der gebotenen Schnelligkeit, nachgekommen werden kann. Dies ist immer zu prüfen. Denn die Gerichte definieren die Anforderungen an die Aufsichtspflicht so, dass das zu veranlassen ist, was verständige Personen nach vernünftigen Anforderungen im konkreten Einzelfall unternehmen würden, um eine Schädigung beim zu betreuenden Kind zu verhindern. Gerade im Garten einer Kindertageseinrichtung wird viel getobt, gerannt und vor allem geklettert. Gegebenenfalls muss einem Kind im Ernstfall auf einem Klettergerüst oder einer Rutsche schnell unmittelbare Hilfe geleistet werden, was bei einer alleinigen Aufsicht einer stark gehbehinderten Person womöglich dann nicht umsetzbar ist.

?

Heute möchten wir zwei Fragen, über die wir im Team immer wieder diskutieren, an Sie stellen. Sie betreffen den Umgang mit Sexualpädagogik in unserer Kita.

1. *Gerade unsere fünf- bis sechsjährigen Kinder praktizieren schon mal „Doktorspiele", d. h. sie sehen sich auf der Toilette gegenseitig an und erforschen ihre Körper. Dies sorgt immer wieder für Unmut bei den Eltern, d. h. die Eltern möchten, dass wir bei jedem Toilettengang mitgehen. Wir beobachten hier, dass sich die Kinder gegenseitig nicht wehtun. Deshalb unsere Frage: Was ist von unserer Seite aus zu tun, dass wir „richtig" und verantwortungsvoll handeln?*
2. *Bezüglich der Paragraphen § 8a SGB VIII haben wir einen Plan erstellt, was zu tun ist, wenn wir Kindeswohlgefährdung beobachten. Unsere Fachberatung meinte nun, dass wir uns auch mit dem Paragraphen § 8b SGB VIII auseinandersetzen sollen. Was ist hier zu beachten?*

!

Zu Frage 1: Wie Sie sicherlich nur zu gut wissen, ist eine solche Phase zunächst einmal recht normal. Die Phase sollte auch nicht von vorneherein etwa unterbunden werden. Stattdessen sollte der konkrete Einzelfall mit Vernunft und Verstand so ausgestaltet sein, dass sichergestellt ist, dass wirklich von keinem Kind Schädigungen ausgehen oder ein anderes Kind geschädigt wird. Konkret könnte dies bedeuten, dass mit den Kindern über ihr Verhalten geredet wird, aber ohne dieses zu dämonisieren. Dazu kann auch gehören, nochmals zu üben, wie Grenzen gesetzt und gesetzte Grenzen respektiert werden.

Natürlich ist darüber zu wachen, dass sich aus dem „spielerischen Umgang" nicht etwas Ernstes und Übergriffiges entwickelt, allerdings nicht unbedingt so, dass sich die Kinder beobachtet und überwacht fühlen. Kann dies im Kita-Alltag nicht bzw. nicht auf der Toilette sichergestellt werden, so könnte darüber nachgedacht werden, die Toilettengänge einzeln oder nur in bestimmten Kombinationen zu gestalten. Auch wenn ein solcher Wunsch der Eltern natürlich schnell geäußert ist, geben wir zu bedenken, dass auch Kinder ein Recht auf Privatsphäre haben. Nicht jeder Toilettengang kann und sollte daher unbedingt „am Kind" begleitet werden.

Fazit: Aufpassen ja, Überwachen, engmaschige Begleitung und praktisch Niederstarren ohne zwingenden Anlass nein.

Bei Frage 2 ist darauf hinzuweisen, dass das eigentliche Herzstück des Schutzauftrages bei (möglichen) Kindeswohlgefährdungen tatsächlich § 8a SGB VIII ist. Denn dieser regelt u. a. in seinem Abs. 4 was im Einzelnen bei Bekanntwerden gewichtiger Anhaltspunkte für eine Kindeswohlgefährdung zu leisten ist.

§ 8b SGB VIII statuiert hierzu flankierend den individuellen Anspruch auf Fachberatung im konkreten Kinderschutzfall als auch einen Anspruch auf Fachberatung für den Träger bei der generellen (Weiter-) Entwicklung von Handlungsleitlinien für den Kinderschutzfall, bei Beschwerden und für das Gelingen der Beteiligung von Kindern und Jugendlichen an strukturellen Entscheidungen.

a) Beim eigentlichen Verdacht auf eine Kindeswohlgefährdung soll gemäß § 8a Abs. 4 SGB VIII
b) eine Gefährdungseinschätzung vorgenommen,
c) hierzu eine „insoweit erfahrende Fachkraft" beratend hinzugenommen und – soweit dies im konkreten Verdachtsmoment nach (!) erfolgter Gefährdungseinschätzung angezeigt ist –
d) bei den Personensorgeberechtigten auf die Inanspruchnahme von Hilfen hingewirkt werden.

Es ist in diesem Zusammenhang sehr wichtig, sich die Abläufe aber auch das Zeitmoment wirklich bewusst zu machen: Denn in einer solchen Verdachtssituation, die oftmals für die Fachkraft auch sehr stressig und emotional berührend sein kann, soll eben nicht sofort in blinden Aktionismus verfallen werden. Sicherlich mag es Ausnahmefälle geben, in denen (auch) die Polizei zu rufen ist. Ansonsten gilt aber kurz innezuhalten, die vorliegenden Informationen zu sichten, zu dokumentieren und zu gewichten, um sodann die sogenannte insoweit erfahrene Fachkraft zu kontaktieren und ihren fachlichen Rat für das weitere Vorgehen hinzuziehen.

Ohne zuvor wenigstens diesen fachlichen Rat eingeholt zu haben, kann es fatale Folgen mit sich bringen, vorschnell zum Beispiel etwas zu initiieren oder auf die Familie zuzugehen. Denn falls eine Gefährdung des Kindes nicht anderes abwendbar erscheint, ist zuvor das Jugendamt zu informieren. Sollte dies aber nicht geboten sein, ist auf die Familie zuzugehen, ggf. auf die Inanspruchnahme von (weiteren) Hilfen hinzuwirken und dieser Hilfeprozess zu begleiten, zu dokumentieren und zu bewerten.

?

Als Leiterin meiner Einrichtung höre ich ab und zu, dass ich den Erziehern meiner Einrichtung Arztbesuche während der Arbeitszeit erlauben muss und dass diese Zeit auch nicht nachzuarbeiten sei. Ist das zutreffend?

!

Eine gesetzliche Regelung hierzu findet sich in § 616 BGB. Danach verliert auch ein nicht kranker Arbeitnehmer, der ohne Verschulden während der Arbeitszeit zwingend einen Arztbesuch wahrnehmen muss, weder seinen Lohnanspruch noch muss er die versäumte Arbeitszeit etwa nachmittags oder an einem anderen Tag nacharbeiten.

Voraussetzung ist jedoch, dass der Arztbesuch zu diesem Zeitpunkt medizinisch erforderlich ist oder die Arzttermine bei dem betreffenden Arzt ausschließlich während der Arbeitszeit zu erhalten sind. Eine weitere Voraussetzung ist, dass die persönliche Verhinderung infolge eines Arztbesuchs lediglich eine, so der gesetzliche Wortlaut, verhältnismäßig nicht erhebliche Zeit andauert.

Ist dies alles gegeben, so sind auch Arztbesuche während der Arbeitszeit durch den Träger als Arbeitgeber zu tolerieren. Allerdings besteht die Möglichkeit, dass im Arbeitsvertrag oder, sofern vorhanden, im Tarifvertrag diese gesetzliche Regelung ausgeschlossen oder abgeändert ist. Dies wäre also als Erstes von Ihnen zu prüfen.

Wir sind ein starkes Kita-Team, vielfältig und kreativ. Diese Individualität fanden unser Träger und die Kita-Leitung immer ganz wichtig, doch nun erhalten wir immer mehr Vorschriften, bei denen wir nicht wissen, ob sie nicht in unser Persönlichkeitsrecht eingreifen.

Ein paar Beispiele:

- *Einige Mitarbeiter haben Piercings. Der Träger möchte nun, dass vor allem „Nasenringe" herausgenommen werden.*
- *Zudem sollen wir auf Kleidung mit „Totenköpfen" verzichten.*
- *Eltern sollen konsequent gesiezt werden.*
- *Dienstpläne sollen „gerecht" angefertigt werden, d. h. auf persönliche Befindlichkeiten soll keine Rücksicht mehr genommen werden.*

Was meinen Sie?

!

Was Sie als Beschäftigte machen müssen und was nicht, ergibt sich zunächst aus Ihrem jeweiligen Arbeitsvertrag.

Da aber einem Arbeitgeber nicht jede denkbare Konstellation in einem Arbeitsverhältnis vorab bekannt ist, ist natürlich vieles dort nicht ausdrücklich geregelt. Dies wäre auch unpraktisch, da ein Arbeitsverhältnis „lebt", d. h. es entwickelt sich immer weiter.

Deshalb steht jedem Arbeitgeber in den Grenzen des Arbeitsvertrages ein sogenanntes Weisungsrecht zu, mit welchem die arbeitsvertraglichen Pflichten konkret für den jeweiligen Tag oder konkret für den jeweiligen Umstand festgelegt werden können. Gesetzlich geregelt ist dieses in § 106 Gewerbeordnung (GewO).

Hiernach kann ein Träger als Arbeitgeber „Inhalt, Ort und Zeit der Arbeitsleistung" bestimmen. Auch hinsichtlich „der Ordnung und des Verhaltens der Arbeitnehmer" können Vorgaben gemacht werden. Die Ausübung muss allerdings nach billigem Ermessen erfolgen.

Dies hat nichts mit billig im Sinne von günstig zu tun, sondern bedeutet, dass durch den Träger die wesentlichen Umstände jeweils abgewogen und die beiderseitigen Interessen, also die Interessen vom Träger auf der einen Seite und vom Erzieher auf der anderen Seite angemessen berücksichtigt werden.

Zu den Fragen im Einzelnen:

Im Fall der „Nasenringe“ müsste man wohl prüfen, ob diese z. B. zwecks Unfallverhütung zu entfernen sind. Dass der Träger an einer einheitlichen Außendarstellung seiner Beschäftigten plötzlich ein übergeordnetes Interesse hat, ist eher nicht anzunehmen, wenn – wie Sie schreiben – gerade die Vielfältigkeit im Team in der Vergangenheit angestrebt und gefördert wurde. Sollten somit eher Aspekte des Arbeitsschutzes für den Träger im Vordergrund stehen, dürfte demgegenüber das Interesse der Beschäftigten am Ausleben der eigenen Persönlichkeit durch entsprechenden Gesichtsschmuck zurücktreten.

Ähnliches gilt für Kleidung mit „Totenköpfen“. Sollte ein Träger hier auf einen Verzicht bestehen, weil diese den Kindern Angst machen könnten oder das Motiv dem pädagogischen Konzept oder der (religiösen bzw. weltanschaulichen) Ausrichtung entgegensteht, so dürfte dies ebenfalls Vorrang haben. Immerhin können Schmuck und Kleidung jederzeit in der Freizeit getragen und gezeigt werden, so dass noch ausreichend Raum für die eigene Persönlichkeit bleibt.

Auch wenn viele Erzieher es nicht unbedingt toll finden, wird man einem Träger weiter das Recht zusprechen müssen, zur Wahrung der professionellen Distanz ein *„Siezen“ der Eltern* verlangen zu können. Dies mag etwas seltsam anmuten, wenn doch auf der anderen Seite gerade die Erziehungspartnerschaft angestrebt werden soll. Gleichwohl bewegt es sich im Rahmen der zulässigen Ausübung des Weisungsrechts, wenn hier ein Träger einen einheitlichen Umgang vorgibt.

Bei den Dienstplänen allerdings ist es nicht zulässig, diese partout ohne jegliche Rücksicht auf die Person zu erstellen. Zwar darf der Arbeitgeber Ort und Zeit der Arbeitszeit bestimmen und somit gerade auch Dienstpläne aufstellen. Er darf die Arbeitszeit z. B. jedoch nicht in unzumutbarer Weise stückeln und durch zu lange unbezahlte Pausen unterbrechen. Bei der Lage der Arbeitszeit muss ein Träger als Arbeitgeber nach Möglichkeit auch auf etwaige Personensorgeverpflichtungen eines Beschäftigten, zum Beispiel für ein Kind oder pflegebedürftige Angehörige, Rücksicht nehmen. Haben mehrere Beschäftigte eines Trägers jedoch Personensorgepflichten, so wird die Möglichkeit eines Trägers zur Rücksichtnahme allerdings leider sehr eingeschränkt bleiben.

Also, liebes Kita-Team: Es kommt mal wieder auf den Einzelfall an und eine pauschale Antwort gibt es nicht. Egal ob nun Kleidung, Schmuck oder Verhalten gegenüber Vertragspartnern – hat der Arbeitgeber vernünftige Gründe, die auch schwerer wiegen als die Gründe der Erzieher, kann er oftmals eine entsprechende Weisung erteilen, an die sich der einzelne Erzieher oder das Team insgesamt zu halten haben.

Aber sicherlich kann man auch ohne Totenkopf-Shirt und Nasenring ein buntes Team bleiben.

?

Ob Praktikanten, Hauswirtschaftskräfte oder pädagogische Mitarbeiter: Zurzeit bin ich fleißig am Zeugnis-Schreiben und komme dabei immer wieder an meine Grenzen.

Ich weiß, dass es bestimmte Code-Wörter gibt, wie z. B. „bemüht" (negativ) und „stets voll zufrieden" (sehr positiv) und dass ich nichts Negatives einfließen lassen darf.

Übergehe ich dann die negativen Punkte und erwähne sie gar nicht? Auf welche Code-Wörter muss ich besonders achten? Gibt es eine Checkliste für „richtiges" Zeugnis-Schreiben?

!

Wie in jedem anderen Betrieb gehört das Verfassen von Arbeitszeugnissen zu den bürokratischen Aufgaben in einer Kindertagesstätte. Der gesetzliche Anspruch des Beschäftigten auf Erhalt eines Zeugnisses ergibt sich aus § 630 des Bürgerlichen Gesetzbuches (BGB), für Arbeitnehmer außerdem aus § 109 Gewerbeordnung (GewO), für Auszubildende aus § 16 des Berufsbildungsgesetzes (BBiG).

> Für alle Zeugnisse gilt: Es muss schriftlich verfasst, klar und verständlich formuliert sein und es darf keine geheimen Botschaften enthalten.

Unterschieden wird zwischen dem einfachen Zeugnis, welches Aussagen über Art und Dauer der Tätigkeit beinhaltet, und dem qualifizierten Zeugnis, das sich auf Angaben zu Leistung und Verhalten sowie deren Bewertung erstreckt. In aller Regel wird sich der Beschäftigte für ein qualifiziertes Zeugnis entscheiden.

Wie ein solches Zeugnis auszusehen hat, wurde in diversen Gerichtsurteilen konkretisiert.

Grundsätzlich gilt, dass ein Zeugnis wahrheitsgemäß, aber auch wohlwollend sein muss, das heißt, es darf den weiteren beruflichen Werdegang des Beschäftigten nicht unnötig erschweren.

Zum qualifizierten Zeugnis gehört neben einer genauen Tätigkeitsbeschreibung die Leistungsbeurteilung einschließlich einer Gesamtnote. Hierzu hat sich eine Zeugnissprache entwickelt, die einer Notenskala von sehr gut bis mangelhaft/ungenügend entspricht (vgl. Checkliste unten).

Nach der Rechtsprechung des Bundesarbeitsgerichts trägt im Streitfall der Beschäftigte die Beweislast, wenn er eine bessere Note als „befriedigend" verlangt, der Arbeitgeber ist beweispflichtig, wenn er den Beschäftigten schlechter als „befriedigend" benoten möchte.

Zu beurteilen ist auch das (Sozial-)Verhalten des Beschäftigten, insbesondere gegenüber Vorgesetzten, Kollegen und ggf. Geschäftspartnern. Wichtig ist hierbei die Reihenfolge der Nennung, denn wenn z. B. die Vorgesetzten erst nach den Kollegen genannt werden, wird damit ausgesagt, dass es Probleme mit der Leitungsebene gab.

Das Zeugnis muss zeitlich nahe am Beendigungszeitpunkt ausgestellt werden, ansonsten hat der Beschäftigte einen Rückdatierungsanspruch. Dies gilt nur dann nicht, wenn der Arbeitnehmer zunächst überhaupt kein Zeugnis verlangt hat und erst viel später eines anfordert.

Das Zeugnis soll außerdem keine Rechtschreibfehler oder sonstige Formmängel wie Knicke oder Flecken haben, und es muss, wenn es nicht vom Unternehmenschef selbst unterzeichnet wird, in Vertretung (gekennzeichnet i. V.) von jemandem unterschrieben werden, der dem Beschäftigten gegenüber weisungsbefugt ist, was durch den Titel des Unterzeichnenden deutlich zu machen ist (z. B. Kita-Leitung, Einrichtungsleitung o. ä.).

Der Anspruch auf Erteilung des Zeugnisses verjährt zwar gem. § 195 BGB erst nach drei Jahren zum Jahresende und kann vom Beschäftigten bei Nichterteilung oder bei unrichtigen Angaben eingeklagt werden. In beiden Fällen tritt aber häufig viel früher bereits die Verwirkung ein, so dass etwaige Ansprüche leerlaufen.

Um Rechtsstreitigkeiten zu vermeiden, sollten Arbeitgeber am besten also von Anfang an ein korrektes Zeugnis ausstellen. Hierfür unsere Checkliste.

Checkliste Arbeitszeugnis

- *Überschrift:* Arbeitszeugnis/Ausbildungszeugnis/Zwischenzeugnis/ Praktikantenzeugnis/Zeugnis
- *Einleitung:* Personalien des Beschäftigten, Tätigkeitsbezeichnung, Dauer des Arbeitsverhältnisses, Kurzbeschreibung des Arbeitgebers
- *Tätigkeitsbeschreibung:* Art der Tätigkeit, Aufgabenfelder, Stellung im Unternehmen, Mitarbeiterverantwortung, Weiterbildung, Entwicklung
- *Leistungsbeurteilung:* Arbeitsweise, -motivation und -erfolge mit jeweils einer Bewertung – Gesamtnote, Beispiel-Formulierungen:
    - 1 - „stets zu unserer vollsten Zufriedenheit"
    - 2 - „zu unserer vollsten Zufriedenheit/stets zu unserer vollen Zufriedenheit"
    - 3 - „zu unserer vollen Zufriedenheit/stets zu unserer Zufriedenheit"
    - 4 - „zu unserer Zufriedenheit"
    - 5 - „insgesamt zu unserer Zufriedenheit"
    - 6 - „bemühte sich, zu unserer Zufriedenheit"
- *Verhaltensbeurteilung:* Verhalten gegenüber Vorgesetzten, Kollegen und Kunden, im Kita-Bereich also Eltern und auch Kindern – Beispiel-Formulierungen:
    - 1 - „Sein/Ihr persönliches Verhalten gegenüber Vorgesetzten, Kollegen und Geschäftspartnern war stets vorbildlich."
    - 2 - „stets einwandfrei"
    - 3 - „einwandfrei"
    - 4 - „höflich und korrekt"
    - 5/6 - „Sein/Ihr Verhalten ... war nicht frei von Beanstandungen."
- *Abschluss:* ggf. Grund der Beendigung (nur auf Wunsch des Beschäftigten); Dank- und Bedauernsformel: Bedauern über Ausscheiden, Dank und Zukunftswünsche (kein Anspruch des Beschäftigten auf Dank- und Bedauernsformel)
- Datum, Ausstellungsort und Unterschrift mit Stellenbezeichnung

Als Leiterin einer Kita stoße ich derzeit an meine Grenzen, da ich einige meiner Mitarbeiter als unzuverlässig empfinde und die anderen darunter leiden. Deshalb wende ich mich jetzt an Sie, um Tipps für die rechtlichen Maßnahmen diesbezüglich zu bekommen.

1. *Ich habe eine Mitarbeiterin, die seit dem Ablauf ihrer Probezeit und dem Unterschreiben eines Festvertrags auffallend oft krank ist. Diese Krankheiten sind immer tageweise, maximal eine Woche. Sie bringt ab zwei Krankheitstagen zwar ein Attest, jedoch habe ich leider meine Zweifel an einer tatsächlichen Erkrankung. Dies liegt u. a. daran, dass mir andere Mitarbeiter Fotos der Kollegin aus sozialen Netzwerken gezeigt haben, auf denen sie z. B. auf einer Party zu sehen ist. Am darauffolgenden Tag meldete sie sich krank. Das kann natürlich einmal passieren, aber nun haben sich solche Beispiele gehäuft.*
   Ich dachte am Anfang, es sei möglicherweise eine chronische Krankheit, die immer wieder auftritt, aber dies ist aufgrund ihrer Aussage nicht der Fall.
   Nun meine Frage: Habe ich hier eine rechtliche Handhabe, zum Beispiel mit einer Abmahnung?
2. *Des Weiteren habe ich Mitarbeiter, die es einfach nicht schaffen, morgens pünktlich zu sein. Wenn deren Arbeitsbeginn 8.00 Uhr ist, trudeln sie mal gegen 8.20 Uhr ein.*
   Auch diskutierten wir im Team, wie der Arbeitsbeginn auszusehen hat: Soll jemand, der um 8.00 Uhr beginnen muss, bereits um 8.00 Uhr in der Kindergartengruppe sein oder reicht es, wenn er um diese Zeit die Kita betritt?
   Gibt es bezüglich des Zuspätkommens und der Definition von Arbeitsbeginn genaue Vorschriften?

Ihre Schilderungen kommen uns sehr bekannt vor. Zu Ihrer ersten Frage:

Arbeitsunfähig erkrankt sein, ist nicht abmahnfähig. So viel dürfte klar sein. Abmahnfähig ist dagegen, wenn sich jemand während seiner Krankschreibung so verhält, dass es den Genesungsprozess verzögert. Wer also grippebedingt ausfällt und dennoch um „die Häuser zieht“, muss mit einer Reaktion des Trägers rechnen. Ungeachtet dessen können Sie bei einem leichtfertigen Umgang mit dem Begriff „arbeitsunfähig krank“ auch wie folgt reagieren:

Zum Beispiel, indem Sie von den Mitarbeitern, die sich immer wieder ein oder zwei Tage krank melden, ein ärztliches Attest schon ab dem ersten Tag verlangen. Sollte dieser Anweisung nicht nachgekommen werden, wäre das ein abmahnfähiges Verhalten. Um die Arbeitsbereitschaft nach „Feierlichkeiten" und insbesondere an Brückentagen zu steigern, können Sie auch über die Einführung einer sogenannten „Anwesenheitsprämie" nachdenken. Es handelt sich hierbei um eine Vereinbarung zwischen Ihnen und Ihren Mitarbeitern, nach der Sie (in Vertretung des Trägers) eine Bonuszahlung zu einem bestimmten Zeitpunkt versprechen, die sich mit jedem Tag, an dem Ihre Mitarbeiter nicht zur Arbeit erscheinen – egal, ob entschuldigt, ob mit Attest oder ohne –, um einen bestimmten Betrag verringert.

Selbstverständlich kommt auch eine Kombination beider Maßnahmen in Frage.

Stellt dies alles für Sie keine Lösung dar, bleibt dann nur noch, den Medizinischen Dienst der Krankenkasse von Ihrem Verdacht zu informieren.

Zu Ihrer zweiten Frage: Pünktlichkeit ist eine Zier... aber nicht nur das: Tatsächlich ist das pünktliche Erscheinen der Mitarbeiterin/des Mitarbeiters zum Dienstantritt eine konkrete Verpflichtung aus dem Arbeitsvertrag. Sollte diese Pflicht verletzt werden, dürfen Sie das auch mit einer Abmahnung ahnden. Für eine Kündigung benötigen Sie jedoch, zumindest wenn es sich um nur kurze Verspätungen handelt, oftmals leider eine ganze Anzahl von Abmahnungen. Zwei oder drei Verstöße gegen das Pünktlichkeitsgebot reichen hier meist nicht aus.

Wer seinen Dienstbeginn um 8.00 Uhr in der Gruppe hat, muss dann auch arbeitsbereit an seinem Arbeitsplatz in der Gruppe sein. Verlangen Sie allerdings, was in der Kita die Regel ist, dass zumindest die Straßenschuhe gegen Hausschuhe gewechselt werden, dann gilt die – wenn auch sehr kurze – Umkleide- und Wege-Zeit vom (sofern vorhanden) Umkleideraum zum Gruppenraum auch als Arbeitszeit.

Es sorgt also sicherlich für Klarheit, wenn Sie als Vertreter des Arbeitgebers vorgeben, dass Ihr Personal zu der im Dienstplan eingetragenen Zeit umgezogen im Gruppenraum zu sein hat und im Gegenzug pro Woche ein paar Minuten Arbeitszeit für das Wechseln der Schuhe und für den Weg aus dem Erzieherraum in den Gruppenraum notieren.

P.S.: Bitte achten Sie beim Verfassen einer Abmahnung immer auf den Dreiklang: genaues Beschreiben des Fehlverhaltens, Darstellung des gewünschten, korrekten Verhaltens, Androhung von rechtlichen Konsequenzen.

?

Heute habe ich eine Frage zu der Vorbereitungszeit in der Kita. Zunächst einmal: Gibt es eine gesetzlich-vorgeschriebene Vorbereitungszeit für pädagogische Fachkräfte? Ist dies träger- oder bundeslandabhängig?

Dies ist bei unserer LeiterInnen-Sitzung immer wieder Thema und wir erhalten darauf nur eine unzureichende Antwort.

Nun ist es bei mir in der Einrichtung so, dass wir knapp besetzt sind, da wir aufgrund des Fachkräftemangels derzeit zwei unbesetzte Stellen haben. Ich habe nun eine Erzieherin und einen Erzieher angewiesen, im Hort am Nachmittag auszuhelfen, und diese weigerten sich. Sie sagten, dass ihnen eine Vorbereitungszeit zustehe und sie diese am Nachmittag nehmen. Da bei uns keine Vorbereitungszeit vertraglich geregelt ist, zeigten sie mir einen Arbeitsvertrag einer Kollegin aus einer anderen Einrichtung und möchten nun, dass wir dies auch in unseren Arbeitsverträgen aufnehmen.

So, und nun kommen Sie ins Spiel: Wie kann ich dies regeln?

!

Die „Vorbereitungszeit“, Verfügungszeit oder auch einfach Freistellung ist oftmals lediglich eine Umschreibung für die mittelbare pädagogische Arbeit. Anders als die unmittelbare pädagogische Arbeit „am Kind“ ist die lediglich mittelbare Arbeit nicht exakt definiert, sondern ergibt sich aus den gesetzlichen Aufgaben des Betriebs einer Kindertagesstätte aber auch im Rahmen der frühkindlichen Bildung und des Kinderschutzes. So wird gemeinhin zum Beispiel auch die Arbeit mit den Personensorgeberechtigten (Entwicklungsgespräche, Tür-und-Angel-Gespräche) gar nicht als unmittelbare pädagogische Arbeit angesehen, sondern auch dem Bereich der Vor- und Nachbereitung im weiteren Sinne zugewiesen.

In manchen Bundesländern gibt es für diese mittelbare pädagogische Arbeit lediglich Soll-Vorschriften. Andere Bundesländer regeln Freistellungen oder Verfügungszeiten verbindlich nur für (Gruppen-)Leitungen. Ein direkter, gesetzlicher Rechtsanspruch für Zeiten, um gezielt pädagogische Angebote vor– und nachzubereiten, besteht für einzelne Erzieher unterhalb der Leitungsebene jedoch nicht. Gleichwohl wird man sicherlich mit dem gesetzlichen Bildungsauftrag und dem jeweiligen Bildungsprogramm eines Bundeslandes argumentieren können, die sich auch auf das individuelle Arbeitsverhältnis auswirken. Jedoch gehen diese Vorgaben nicht so weit, an einem bestimmten Nachmittag den Einsatz im Hort zu verweigern. Hier hat der Träger als Arbeitgeber das sogenannte Weisungsrecht inne und wird schon zum Schutz der Kinder und somit zur Gefahrenabwehr richtigerweise einen solchen Einsatz anordnen dürfen.

Losgelöst vom Einsatz an diesem bestimmten Nachmittag kann jedoch grundsätzlich zu beachten sein, wenn im Arbeitsvertrag, einer Betriebsvereinbarung oder einem Tarifvertrag ein ausdrückliches Recht auf eine bestimmte Vorbereitungszeit pro Woche eingeräumt wurde. Dann wird ein Träger bis auf die geschilderten Engpässe und Notfälle solche Zeiten auch gewähren müssen. Dann wird man sich allerdings darüber streiten können, ob diese Vorbereitungszeit eventuell schon durch Elterngespräche o. ä. aufgebraucht wurde.

Eine Regelung zur Vorbereitungszeit in den Arbeitsvertrag aufzunehmen, sollte häufig problemlos möglich sein. Denn es müsste ja nur ergänzend geregelt werden, dass von der wöchentlich geschuldeten Arbeitszeit eine bestimmte Anzahl von Minuten oder Stunden ausdrücklich zum Beispiel für das „Vor- und Nachbereiten der pädagogischen Angebote für die zu betreuenden Kinder“ vorbehalten sind und für diesen „Zeitraum der Arbeitnehmer bis auf gewichtige betriebliche Ausnahmen von der unmittelbar pädagogischen Arbeit am Kind freigestellt“ ist. In diesem Zusammenhang sollte auch zusätzlich geregelt werden, ob die unmittelbare pädagogische Arbeit immer vorzugehen hat und die Leitung entsprechende Vorgaben macht oder ob es feste Zeiten und Tage für diese Zeiträume geben soll.

Ob sich solche Regelungen jedoch als praxistauglich erweisen werden, sollte zuvor genau geprüft werden!

?

Als Leitung einer siebengruppigen Einrichtung habe ich fast 30 Mitarbeiter und meist funktioniert die Zusammenarbeit sehr gut.

Im September allerdings habe ich eine Erzieherin eingestellt, die bis einschließlich ihrer Probezeit pädagogisch zu meiner Zufriedenheit arbeitete. Danach (seit Januar) tauch(t)en allerdings massive Probleme auf: Sie hält sich an keine Absprachen und gibt Eltern nur widerwillig Auskünfte.

In der Pädagogik zieht sie „ihr eigenes Ding" durch, d. h. sie brachte Montessori-Materialien mit oder bestellte diese von ihrem Gruppengeld und arbeitet nun ausschließlich mit diesem Material und beteiligt sich an keinen Gemeinschaftsprojekten mehr. Neulich wollte ein Kind mit einem Material spielen, das er von zu Hause mitbrachte, da schrie sie das Kind an, dass so ein Spielzeug hier nichts zu suchen hat. Das geht gar nicht!
Ich finde die Montessori-Pädagogik grundsätzlich sehr gut, jedoch sind wir keine Einrichtung mit diesem Konzept. Ich führte schon mehrere Gespräche mit ihr, sie bleibt jedoch stur und sagte, dann sollen wir ihr halt kündigen, wir finden ja sowieso niemand anders.

Zu dem kommt, dass schon zwei Erzieherinnen, die mit ihr zusammenarbeiteten, in dieser Zeit gekündigt haben, da sie die Zusammenarbeit sehr schwierig fanden.
Fachkräftemangel hin oder her – ich möchte der Erzieherin gerne kündigen, jedoch steht mein Träger nicht hinter mir. Er sagte, ich solle mit der Kollegin zusammenarbeiten, sonst müssten wir wieder eine Stellenausschreibung tätigen usw.

Nun meine Frage: Wie ist das Procedere einer Kündigung? Wann kann diese ausgesprochen werden? Wie kann ich meinen Träger überzeugen?

!

Als Kita-Leitung, unterstellt, Sie sind nicht nur für den pädagogischen Bereich verantwortlich, ist es Ihre Aufgabe, jeden Tag das Arbeitsverhältnis Ihrer jeweiligen Kollegen konkret auszugestalten. Hierfür steht Ihnen das Direktionsrecht nach § 106 GewO zur Verfügung. In den Grenzen der arbeits- oder tarifvertraglichen Regelungen dürfen Sie daher ganz konkret mittels Arbeitsanweisung Inhalt, Ort und Zeit der Arbeitsleistung vorgeben. Das bedeutet, Sie können konkret zur Auskunftserteilung auf konkrete Fragen auffordern. Sie können auch untersagen, dass Montessori-Materialien in die Einrichtung gebracht werden. Sie können erst recht darüber bestimmen, wofür das Gruppengeld verwendet wird. Und schlussendlich können Sie vorgeben, dass Ihre Absprachen als Arbeitsanweisung zu verstehen sind. Wird dann gegen eine Arbeitsanweisung verstoßen, stehen Ihnen rechtliche Maßnahmen von der Abmahnung bis hin zur Kündigung zur Verfügung.

Die Ausübung des Direktionsrechtes darf allerdings im Einzelfall nur nach billigem Ermessen ausgeübt werden. Das bedeutet, dass Sie auch berechtigte Interessen der betroffenen Mitarbeiter/innen in einen Abwägungsprozess einzubeziehen und gegebenenfalls zu beachten haben. Ihren Ausführungen können wir jedoch beachtenswerte Interessen der besagten Erzieherin nicht entnehmen, so dass Sie die Belange des Trägers mittels Arbeitsanweisung konsequent umsetzen dürfen.

Das Direktionsrecht geht sogar so weit, dass auch Verhalten und Ordnung im Betrieb vorgegeben werden dürfen, § 106 S. 2 GewO. Das bedeutet, dass Sie per Arbeitsanweisung zum Beispiel auch konkret vorgeben dürfen, dass und wie die Eltern zu grüßen sind. Wird dagegen verstoßen, dürfen Sie diesen Verstoß abmahnen.

Ohne vorherige Abmahnung(en) gegenüber der Erzieherin wird zum jetzigen Zeitpunkt auch die von Ihnen angedachte Kündigung nicht umsetzbar sein. Denn eine Kündigung soll erst als letztes Mittel vom Arbeitgeber ausgesprochen werden. Die Regelverstöße, die Sie beschreiben, reichen jedoch nach unserer „Fern-Diagnose“ (noch) nicht aus, um eine Weiterbeschäftigung der Mitarbeiterin ohne Abmahnung sogleich als unzumutbar einzuordnen. Daher werden Sie nicht umhin kommen, ihr mittels Abmahnung(en) klarzumachen, was sie falsch gemacht hat, wie es richtig ist und was sie im Wiederholungsfall zu befürchten hat: nämlich den Ausspruch einer verhaltensbedingten Kündigung. Erst wenn es dann zu einem Wiederholungsfall kommt, sollte über eine Kündigung nachgedacht werden.

Da die Probezeit bereits abgelaufen und davon auszugehen ist, dass das Arbeitsverhältnis Ihrer Erzieherin aufgrund Ihrer Einrichtungsgröße unter das Kündigungsschutzgesetz fällt, kann das Arbeitsverhältnis sowieso nur aus entweder betriebsbedingten, personenbedingten oder verhaltensbedingten Gründen gekündigt werden.

Ein betriebsbedingter Kündigungsgrund durch Wegfall des Arbeitsplatzes liegt offensichtlich nicht vor. Auch ein Grund in der Person der Erzieherin, was eine personenbedingte Kündigung ermöglichen würde, ist Ihren Schilderungen nicht zu entnehmen. Vorzuwerfen ist der Erzieherin ein aus Ihrer Sicht falsches, steuerbares Verhalten. Daher käme allein eine verhaltensbedingte Kündigung in Betracht. Hierfür müssen Sie der Mitarbeiterin zuvor aber präzise und unmissverständlich vorgeschrieben haben, was von ihr erwartet wird und was sie zu unterlassen hat. Denn erst dann kann sie sich darauf einstellen und ihr Verhalten anpassen. Sollte sie sich dann bewusst entschließen, ihre Anweisungen zu missachten, können Sie mit arbeitsrechtlichen Mitteln von der Ermahnung über die Abmahnung bis hin zur Kündigung reagieren.

Da Worte bekanntlich Schall und Rauch sind, sollten Sie dem Verhalten, das Sie aktuell verärgert, mittels schriftlicher Arbeitsanweisungen begegnen. Sie können sich dabei auch gegenzeichnen lassen, dass die Arbeitsanweisung zur Kenntnis genommen und verstanden wurde.

Auch die vielleicht dann noch erforderlichen Abmahnung(en) sollten Sie zur Beweisvorsorge schriftlich erteilen. Ob Sie hierzu befugt sind, müssen Sie allerdings zuvor mit Ihrem Arbeitgeber klären und sich ggf. eine Vollmacht erteilen lassen.

Schlussendlich bietet es sich selbstverständlich auch an, die befremdlichen Aussagen Ihrer Arbeitnehmerin unter Angabe von Datum und Uhrzeit und – wenn noch möglich – die Aussagen der Kolleginnen, die Ihre Einrichtung bereits wegen der renitenten Dame verlassen haben, zu sammeln.

Wenn sich dann aus der Gesamtschau all der von Ihnen erstellten Dokumente und Notizen ergibt, dass hier jemand schlichtweg nicht bereit ist, sich an Anweisungen und Regeln zu halten, so dürfte sich auch Ihr Träger letztendlich von einer Trennung überzeugen lassen.

Wir beschäftigen in unserer Einrichtung häufig Praktikanten. Dies auch zumeist von einer Woche auf die andere. Bisher hat das Ganze immer recht unkompliziert funktioniert, allerdings gab es jüngst bei uns einen Fall, bei dem das Praktikum im beidseitigen Streit vorab abgebrochen wurde. Daher stellen wir uns die Frage, was wir zukünftig besser beachten sollten.

!

Auch ein Praktikum ist ein Rechtsverhältnis zwischen Träger und Praktikant/-in, das am besten mit einem schriftlichen Vertrag ausgestaltet werden sollte. Denn nur dann ist für beide Seiten klar, was wechselseitig voneinander erwartet wird. Dadurch lassen sich auch Enttäuschungen am besten vermeiden.

An was ist also alles zu denken?

1. Es sollte einen schriftlichen Praktikumsvertrag geben, der Dauer und Umfang, Beendigungsmöglichkeiten sowie Sinn und Zweck des Praktikums benennt.
   In diesem Zusammenhang ist auch zu klären, ob seitens des Trägers für das Praktikum eine Vergütung gewährt werden soll. Dies kann als Praktikumslohn oder als -beihilfe oder als eher symbolische Unterstützungsleistung ausgestaltet sein. Der Träger kann auch entscheiden, überhaupt keine Vergütung zu zahlen. Dies allerdings nur, wenn das Praktikum nicht auf eine längere Zeit als drei Monate angelegt ist, § 22 Abs. 1 MiLoG. Ist es auf einen längeren Zeitraum angelegt, so ist ein Träger zumindest zur Zahlung des Mindestlohns verpflichtet. Eine Ausnahme hiervon liegt wieder vor, wenn es sich um ein Pflichtpraktikum im Rahmen einer (fach-)schulischen oder universitären Ausbildung handelt. Bei solchen Praktika muss der Träger keinen Lohn zahlen.
2. Auch Praktikanten sollten mittels gesonderter schriftlicher Vereinbarung auf das Datengeheimnis verpflichtet werden. Eine Regelung zur Verschwiegenheit allein im Praktikumsvertrag ist hierfür nicht ausreichend.
3. Auch Praktikanten müssen vor Beginn der „Arbeit am Kind" unbedingt ein erweitertes Führungszeugnis vorgelegt haben.
4. Vor Praktikumsbeginn hat der Träger den Praktikanten zum Arbeitsverbot mit Lebensmitteln in bestimmten Fällen nach § 42 InfSchG, arbeitsmedizinisch nach § 14 BiostoffV und zum Um-

gang mit Infektionskrankheiten nach § 35 InfSchG zu unterweisen.

5. Sie machen Praktikanten wie alle anderen Mitarbeiter mit dem Brandschutz- und Räumungskonzept der Einrichtung vertraut.
6. Bitte informieren Sie den Praktikanten auch über die Eigenarten der Kinder: Welches Kind ist gerade eher lebhaft, welches verträumt, welche Gruppenkonstellationen können eine zusätzliche „Dynamik" entwickeln.
7. Es empfiehlt sich, Eltern wie Kinder über das Vorhandensein eines neuen Praktikanten zumindest mittels Aushangs zu informieren.
8. Die Selbsteinschätzung von Praktikanten sollte im Laufe eines Praktikums immer wieder abgefragt werden. Auch, ob sich ein Praktikant die jeweils übertragenen Aufgaben überhaupt zutraut oder er sich hierbei unwohl oder gar überfordert fühlt.
9. Achtung: Ist ein Praktikant noch minderjährig, so sind die Vorschriften des Jugendschutzes zu beachten. Grundsätzlich darf danach ein Jugendlicher nur in der Zeit von 6 bis 20 Uhr beschäftigt werden. Ein Elternabend nach 20 Uhr ist daher für minderjährige Praktikanten tabu. In Einrichtungen mit 24-h-Betrieb gibt es hierzu allerdings Ausnahmen.
10. Einweisung, Erläuterung, Dokumentation, Feedback ... und Kontrolle! Praktikanten sind zu kontrollieren. Denn erst anhand von Beobachtung und Kontrolle kann beurteilt werden, ob einem Praktikanten mit fortschreitender Zeit auch verantwortungsvollere Aufgaben zugetraut werden können.

Alle oben benannten Punkte sollten hierbei nachvollziehbar dokumentiert werden.

Klar sollte allerdings auch sein: Praktikanten machen Fehler und dürfen Fehler machen. Um Enttäuschungen zu vermeiden, sollte dies einfach vorausgesetzt und, um Unfälle zu verhindern, allerdings auch immer mitbedacht werden.

Wir haben derzeit zwei unbesetzte Stellen und wieder einmal nur wenige Bewerber. Nun haben wir uns für drei Bewerber entschieden, die wir in nächster Zeit zum „Probearbeiten" einladen.

Was muss hier beachtet werden?

Die Frage gibt uns Gelegenheit, einen der wohl am weitesten verbreiteten arbeitsrechtlichen Irrtümer aufzuklären: Für Probearbeiten gibt's kein Geld.

Arbeit ist jedoch grundsätzlich immer zu vergüten. Es bedarf hierfür auch keiner ausdrücklichen oder gar schriftlichen Vereinbarung. Unentgeltliches Arbeiten soll es außer im ehrenamtlichen Bereich, wo es auch besonders gefördert wird, nicht geben. Diesen Willen hat der Gesetzgeber insbesondere auch durch die Einführung des Mindestlohngesetzes zum Ausdruck gebracht.

Da es aber für beide Seiten wichtig ist, sich vor einer längerfristigen vertraglichen Bindung etwas näher kennenzulernen, kann ein sogenanntes *Einfühlungsverhältnis* vertraglich geschlossen werden. In der schriftlichen Vereinbarung hierzu sollten Sie auf folgende Aspekte hinweisen:

- eindeutige Überschrift: „Einfühlungsverhältnis"
- Sinn und Zweck: „Passen wir zusammen?"
- Zeitpunkt nennen, zu dem das Einfühlungsverhältnis automatisch endet
- Klarstellung, dass die Tätigkeiten des Bewerbers rein freiwillig erfolgen und das Weisungsrecht ihm gegenüber nicht gilt
- Vergütungspflicht ausdrücklich ausschließen
- freundlicherweise darauf hinweisen, dass gesetzlicher Unfallversicherungsschutz nicht besteht.

Wenn Sie diese Punkte beachten, haben Sie klare Verhältnisse geschaffen und können sich ganz auf die Beobachtung der pädagogischen Fähigkeiten der drei Bewerber konzentrieren.

?

Wir freuen uns immer, wenn unsere Kita-Eltern einen Flohmarkt veranstalten, da sie den Erlös immer für Spielsachen an die Kita spenden. Neulich nahm der Flohmarkt aber ein unschönes Ende und hierauf bezieht sich meine rechtliche Frage:

Während die Eltern im Kindergarten ihre Sachen verkauften, spielten die Kinder unbeaufsichtigt im Garten und beschädigten die Kletterwand. Anscheinend versuchten experimentierfreudige Kinder die Haltegriffe mit Stöcken herauszulösen. Eine Mutter sah dies leider zu spät und beendete die „Aktion". Beim Flohmarkt war nur eine Kollegin vom Team anwesend und diese war mit der Raumaufsicht beschäftigt.

Wer muss nun den Schaden an der Kletterwand bezahlen? Und wie steht es generell mit der „Überlassung" des Kita-Geländes, was ist hier zu beachten?

Denn auch eine Jugendgruppe ist häufig am Wochenende unerwünscht Gast bei uns, und wir sammeln hier regelmäßig Glasscherben auf.

!

Auf den ersten Blick scheint die Frage ganz einfach zu beantworten zu sein: Der Kita, bzw. natürlich den dort arbeitenden pädagogischen Fachkräften und sonstigen Team-Mitgliedern, wird von den Sorgeberechtigten die Aufsicht über ihr Kind übertragen, und zwar täglich neu mit der Übergabe des Kindes am Morgen. Am Ende des Kita-Tages „wandert" die Aufsicht für das Kind mit der Abholung dann wieder zurück zu den Eltern oder anderen das Kind in Empfang nehmenden Personen.

Da es sich bei dem Flohmarkt, der – so vermuten wir – an einem Sonnabend oder Sonntag stattfindet, nicht um eine Veranstaltung im Rahmen der Betreuungszeit handelt, kommt eine Verantwortung der Kita und/oder der Team-Mitglieder nicht in Betracht. Niemand konnte ernsthaft erwarten, dass ein Mitglied des Teams die Verantwortung für alle anwesenden Kinder übernimmt. So etwas ist nach Ihrer Schilderung aber ja auch nicht behauptet worden. Damit waren die anwesenden Eltern für ihre Kinder verantwortlich. Ob die Eltern der „forschen Forscher" auch die Haltegriffe zu ersetzen haben, hängt jedoch davon ab, ob eine Aufsichtspflichtverletzung bei den jeweiligen Eltern zu konstatieren ist. Nach der Rechtsprechung des Bundesgerichtshofs haben die Aufsichtspflichtigen das zu tun, was im konkreten Fall von einem verständigen Erwachsenen nach vernünftigen Anforderungen zu erwarten ist, um Schädigungen des Kindes oder Dritter durch das Kind zu verhindern.

In zahlreichen Fällen haben unsere Gerichte aus immer wieder neuen Perspektiven herausgearbeitet, was darunter zu verstehen ist. Unter anderem herrscht Konsens, dass z. B. Vorschulkinder einige Zeit unbeaufsichtigt spielen dürfen, und zwar sowohl den Räumlichkeiten selbst als auch im Außengelände.

Sollte die Frage, wer für die Schäden an der Kletterwand aufkommen muss, tatsächlich vor Gericht ausgetragen werden, müsste geklärt werden, welche Eltern für die Kinder zur Tatzeit verantwortlich waren und wie die Aufsicht von ihnen ausgeführt wurde, d. h. wie lange die Kinder unbeaufsichtigt waren bzw. in welchen Intervallen jemand nach den Kindern schaute.

Die Kinder selbst, zumindest solange es Kindergartenkinder waren, kommen als Verantwortliche wegen § 827 BGB nicht in Betracht.

Wenn Sie Ihre Räumlichkeiten gern auch anderen zur Verfügung stellen, bleiben Sie ganz weitgehend verantwortlich für den Zustand, denn Sie nutzen Ihre Einrichtung samt Garten am Montag dann wieder mit Ihren Kindern. Sie tragen hier die sogenannte Verkehrssicherungspflicht. Eine Begehung des Geländes sollte auf jeden Fall erfolgen, insbesondere wenn Sie aufgrund von Vorerfahrungen damit rechnen müssen, dass gefährliche Überbleibsel zu finden sind. Über eine mietvertragliche Vereinbarung lassen sich zwar gewissen Risiken auffangen, letztlich bleiben Sie aber gegenüber einem in Ihrer Obhut verletzten Kind und seinen Eltern in der Pflicht.

?

In unserem Team haben wir seit ca. sieben Monaten eine neue Erzieherin, die sich seit einiger Zeit leider generell weigert, auch an Nachmittagen, d. h. nach 14 Uhr zu arbeiten, da sie dann auf ihr Kind aufpassen müsse. Dies führt natürlich zu Unmut bei den anderen Erziehern, die selbst ähnliche Verpflichtungen haben, aber dennoch den Einrichtungsbetrieb am Laufen halten.

Im Arbeitsvertrag ist lediglich eine wöchentliche Arbeitszeit von 35 Stunden aufgeführt. Zur Lage der täglichen Arbeitszeit findet sich nichts. Darf die Kollegin wirklich nicht nachmittags zur Arbeit eingeteilt werden?

Ein weiteres Problem ist zudem, dass diese Erzieherin trotz gegenteiliger Aufforderung immer wieder auf dem Kita-Gelände raucht. Sie meint, zumindest in ihren Pausen dürfe sie machen, was sie will, und da habe man ihr nicht reinzureden. Hat sie auch hier Recht?

!

Nein, ihre Kollegin hat nicht Recht. Es obliegt dem Arbeitgeber, die tägliche Arbeitszeit eines Arbeitnehmers festzulegen, wenn es hierzu keine vertragliche Abrede gibt. Eine solche Abrede im Arbeitsvertrag gibt es offensichtlich nicht, denn die 35 Stunden geben nur die wöchentlich geschuldete Arbeitszeit wieder, aber nicht den Beginn oder das Ende der täglichen Arbeitszeit. Auch ist aufgrund der kurzen Beschäftigungsdauer der Erzieherin noch keine Konkretisierung auf eine bestimmte Lage der Arbeitszeit eingetreten. Mittels des Weisungsrechts oder Direktionsrechts kann daher der Arbeitgeber nun die Lage der täglichen Arbeitszeit im Rahmen des sogenannten billigen Ermessens einseitig festlegen. Er muss hierbei zwar nach Möglichkeit auf etwaige Personensorgepflichten Rücksicht nehmen, da aber die anderen Erzieher die gleichen Verpflichtungen treffen, kann auch diese Kollegin zur Arbeit nach 14 Uhr eingeteilt werden. Anders könnte sich die Situation darstellen, wenn Sie ansonsten vorrangig Mitarbeiter beschäftigen würden, deren Kinder schon selbständiger oder gar volljährig sind.

Betreffend des Rauchens auf dem Kita-Gelände ist der Sachverhalt einfach: Zwar kann die Erzieherin in ihrer Pause machen was sie will – allerdings nicht auf dem Kita-Gelände und schon gar nicht darf sie dort rauchen. Denn in der Kita und auf dem Kita-Gelände besteht ein Rauchverbot. Darüber hinaus gibt es teilweise strenge Regelungen wie in Berlin, wo sogar bei Aktivitäten außerhalb der Tageseinrichtung in Gegenwart der Kinder nicht geraucht werden darf (§ 9 Abs. 4 KitaFöG).

?

In unserer Kita haben wir momentan drei „langzeitkranke" Kolleginnen und Kollegen. Es geht hier um psychische Erkrankungen (Burnout und traumatische Belastungsstörung nach einem Verlust) sowie um eine physische (Bandscheibenvorfall) Erkrankung.

Weder die Kollegen noch die Eltern oder Kinder wissen, was die Kolleginnen haben und warum sie so lange fehlen. Nun kursieren die wildesten Spekulationen: Was soll ich als Leitung in diesem Fall tun? Habe ich hier Schweigepflicht, auch meinem Team und den Kollegen gegenüber, die mit den fehlenden Kolleginnen sehr eng zusammenarbeiten?

Und eine weitere Frage: Ab wann bekomme ich eine „Springerin", die uns aushilft? Gibt es hier rechtliche Grundlagen, die ich meinem Träger mitteilen kann?

!

Jede Erkrankung eines Mitarbeiters ist für diesen eine sehr persönliche Angelegenheit. Der betroffene Mitarbeiter kann natürlich darüber reden, muss es aber nicht. Auch die Bescheinigung eines Arztes umschreibt ja lediglich, dass der betroffene Mitarbeiter arbeitsunfähig ist. Was hingegen der Grund für die Arbeitsunfähigkeit ist, sollen und müssen die Kita-Leitung, der Träger und die weiteren Beschäftigten nicht erfahren. Die Erkrankung eines Mitarbeiters fällt somit unter den Oberbegriff des Beschäftigtendatenschutzes, wenn es darum geht, Nachfragen von Eltern oder Kollegen und Kolleginnen entsprechend abzuwehren.

Der Beschäftigtendatenschutz gebietet in diesem Zusammenhang, dass wenn die Leitung von der tatsächlichen Krankheitsursache oder der tatsächlichen Erkrankung überhaupt etwas weiß, dass diese die Angelegenheit grundsätzlich mit einer entsprechenden Verschwiegenheit behandelt. Das führt auch dazu, dass natürlich Eltern nichts darüber erfahren dürfen, was Grund der Erkrankung ist, insbesondere natürlich, wenn es sich um solch hochsensible Erkrankungen wie ein Burnout oder vergleichbare psychische Erkrankungen handelt.

In diesem Zusammenhang sollten natürlich auch entsprechende Notizen, die vielleicht nach einem Gespräch gemacht worden oder im Rahmen eines betrieblichen Eingliederungsmanagements irgendwo angefallen sind, gut verschlossen vor neugierigen Blicken verwahrt werden. Nichts wäre peinlicher, als wenn sich ein Mitarbeiter gegenüber der Leitung vertrauensvoll offenbart und diese durch eine Nachlässigkeit dafür sorgt, dass es am Ende dann doch alle erfahren. Das Vertrauen des Mitarbeiters dürfte unwiederbringlich zerstört sein und dieser wird sich im Zweifelsfalle nie wieder unter dem Deckmantel der Verschwiegenheit an seine Leitung wenden.

Zur Frage eines „Springers" kann nur ausgeführt werden, dass darauf leider kein Anspruch besteht. Es gibt keine gesetzliche Grundlage, die einem freien Träger oder auch einem kommunalen Träger den Anspruch auf eine weitere Arbeitskraft ermöglichen würde. Ein Träger hat allerdings schon aus dem Betreuungsverhältnis genügend Personal vorrätig zu halten, um seiner Leistungsverpflichtung gegenüber dem Träger der öffentlichen Jugendhilfe, aber natürlich auch gegenüber seinen Vertragspartnern, also den Eltern, jederzeit auch bei Erkrankungen oder Urlaub oder sonstigen Freistellungen von der Arbeitsverpflichtung nachkommen zu können. Das bedeutet, die einzelne Leitung oder der einzelne Erzieher hat in dem Sinne keinen Anspruch darauf, dass plötzlich ein Springer in der Einrichtung erscheint. Gleichwohl muss die Leitung oder der Erzieher aber mitteilen, wenn die Aufsichtspflicht nicht mehr gewährleistet oder eine massive Überforderungssituation infolge Personalmangels eingetreten ist. Dann ist gegebenenfalls zu prüfen, ob zum Schutz der Kinder weitere Maßnahmen zu treffen sind – zum Beispiel ein Übergang in den Notbetrieb mit der Folge, dass keine Kinder mehr angenommen und die bereits anwesenden früher abgeholt werden sollen. Um ein solches Szenario zu vermeiden, kann ein Träger sicherlich auf den Einsatz von Springern (wenn überhaupt tatsächlich wie auch rechtlich möglich) zurückgreifen, aber er muss es nicht. Schon gar nicht kann er hierzu gezwungen werden.

P.S.: Allerdings sollte Ihr Träger unbedingt die gesetzlichen Grundlagen der öffentlichen Förderung im Blick haben. § 17 Abs. 4 AV-BayKiBiG regelt zum Beispiel, dass Fachkräfte nicht mehr auf den Fachkraft-Kind-Schlüssel angerechnet werden, wenn sie längere Zeit krank sind. Dem Träger droht dann eventuell die Kürzung der Fördermittel.

?

Da wir uns aufgrund dreier gleichzeitig bekannt gewordener Schwangerschaften in unserem Team im Ausnahmezustand befinden, haben sich folgende Fragen bei uns angesammelt:

- *Sind wir als Arbeitgeber verpflichtet, die Kosten für die serologische Blutuntersuchung (Mutterschutzgesetz) zu übernehmen?*
- *Wenn der Immunstatus unserer schwangeren Angestellten eine Weiterbeschäftigung nicht zulässt (sie also von der Arbeit freizustellen sind), gilt das rechtlich als „krankgeschrieben"? Und haben die drei Frauen dann bei ihrer evtl. Rückkehr nach 1, 2 oder 3 Jahren damit ein Recht auf ihren Urlaub aus dem jetzt laufenden Jahr?*
- *Läuft ein befristet geschlossener Arbeitsvertrag auch aus, wenn die Angestellte schwanger ist, oder gibt es aufgrund der Schwangerschaft dann Sonderregelungen?*
- *Sollte man grundsätzlich als Arbeitgeber Impfungen der Angestellten (hier konkret Hepatitis B) finanziell übernehmen?*

!

Sie sind als Arbeitgeber nach den Regelungen des Arbeitsschutzgesetzes (ArbSchG) in Verbindung mit der Verordnung zur arbeitsmedizinischen Vorsorge (ArbMedVV) verpflichtet, die Arbeitsbedingungen der bei Ihnen beschäftigten Arbeitnehmer einer Gefährdungsbeurteilung zu unterziehen. In diesem Rahmen sind von Ihnen auch die Kosten einer serologischen Untersuchung zur Feststellung des Immunstatus zu tragen.

Ein Beschäftigungsverbot für die werdende Mutter, das Sie als Arbeitgeber (und nicht der Arzt – der stellt nur den Immunitätsstatus fest) nach §§ 3 und 4 Mutterschutzgesetz (MuschG) auszusprechen haben, sollte sorgsam überdacht werden. Im Kindergartenbereich ist es unserer Kenntnis nach mittlerweile allgemeine Praxis, quasi in jedem Fall ein allgemeines Beschäftigungsverbot auszusprechen. Es sollte jedoch zunächst im Rahmen der Gefährdungsbeurteilung nach Möglichkeiten gesucht werden, die Arbeitnehmerin an anderer Stelle mit deutlich geringerem Infektionsrisiko einzusetzen. Selbst bei der nicht impräventablen Zytomegalie, wäre zum Beispiel ein Einsatz in der Vorschulgruppe guten Gewissens vertretbar, sofern die Arbeitnehmerin dort tatsächlich so gut wie keinen Kontakt zu U-3-Kindern hat. Bei vielen Infektionskrankheiten ist ein zeitlich begrenztes Beschäftigungsverbot ausreichend. Die zuständige Aufsichtsbehörde (in Berlin z. B. das Landesamt für Arbeitsschutz) steht Ihnen im Zweifel zur Seite.

Dies ist auch deshalb wichtig, weil § 24 MuSchG regelt, dass die Ausfallzeiten wegen mutterschutzrechtlicher Beschäftigungsverbote als Beschäftigungszeiten gelten und der nicht gewährte Urlaub noch über den Drei-Monats-Zeitraum (§ 7 BUrlG) hinaus auch im gesamten folgenden Urlaubsjahr noch beansprucht werden kann. Wegen einer entsprechenden Regelung in § 17 Abs. 2 BEEG (Bundeselternzeit und -elterngeldgesetz) kann der nicht genommene Urlaub im Einzelfall auch noch zwei oder drei Jahre später verlangt werden.

Allerdings gelten die Arbeitnehmerinnen nicht als „krankgeschrieben". Sie können unserer Auffassung nach daher anordnen, dass vor Beginn eines individuellen Beschäftigungsverbots (etwa weil der Arbeitnehmerin eine ausreichende Immunität gegen Zytomegalie fehlt) noch ausstehender Urlaub zu nehmen ist. Für das generelle Beschäftigungsverbot aus § 3 MuSchG (sechs Wochen vor dem errechneten Entbindungstermin) gilt dies allerdings nicht.

Das MuSchG sieht in § 17 ein Kündigungsverbot des Arbeitgebers für den Zeitraum der gesamten Schwangerschaft bis zum Ablauf von vier Monaten nach der Entbindung vor. Andere Sonderregelungen zur Beendigung von Arbeitsverhältnissen mit werdenden Müttern enthält das Gesetz jedoch nicht, so dass befristete Arbeitsverhältnisse regulär durch Zeitablauf enden, da ja eine Kündigung überhaupt nicht ausgesprochen werden muss.

Man sollte als Arbeitgeber im Kinderbetreuungssektor für seine Angestellten nicht nur die Kosten von Impfungen tragen, sondern man ist dazu tatsächlich verpflichtet. Das gilt nach Teil 2 des Anhangs zur ArbMedVV jedenfalls für Impfungen gegen Keuchhusten, Masern, Mumps, Röteln und Windpocken sowie gegen Hepatitis A. Eine Hepatitis-B-Immunisierung wird nach der ArbMedVV für die Arbeit mit Kindern im Allgemeinen nicht als erforderlich angesehen. Lediglich für den Fall, dass Ihre Einrichtung auch Kinder mit (schwereren) Behinderungen betreut, werden die Kosten von Ihnen zu tragen sein.

Dieser Pflicht steht auf Arbeitnehmerseite allerdings keine Pflicht zur Impfung gegenüber. Denn eine allgemeine Impfpflicht besteht in

Deutschland nach wie vor nicht. Es lohnt aber auf jeden Fall auch eine Anfrage bei den Krankenkassen, die im Einzelfall die Kosten der Immunisierung tragen.

Ich bin sehr aufgebracht! Als Erzieherin kenne ich engagiertes Arbeiten und ich arbeite auch nach Feierabend so manches Mal noch zu Hause, indem ich z. B. Elterngespräche vorbereite. Jedoch ärgert es mich sehr, dass ich meinen Urlaub, den ich in den Pfingstferien geplant habe, nicht nehmen kann bzw. darf.

In unserer Kita sind zwei Kolleginnen „langzeitkrank" und eine Stelle können wir aufgrund Bewerbermangel einfach nicht besetzen. Daher ist unser Team knapp besetzt und wir müssen immer wieder flexibel in den Gruppen agieren, sobald neue Krankheitsfälle im Team auftreten bzw. Kolleginnen auf Fortbildung sind.

Nun ist absehbar, dass in den Pfingstferien zu wenige Erzieherinnen arbeiten, daher wurde ich aufgefordert, meinen geplanten und bereits genehmigten Urlaub zu verschieben. Da ich keine Reise gebucht habe, werde ich das machen, aber richtig finde ich es nicht.

Wie ist das rechtlich?

Ihren Unmut können wir sehr gut verstehen.

Zentrale Regelung für Ihre Frage ist der § 7 Abs. 1, Satz 1 Bundesurlaubsgesetz (BurlG), den wir seiner Deutlichkeit wegen hier ausnahmsweise abdrucken:

> „Bei der zeitlichen Festlegung des Urlaubs sind die Urlaubswünsche des Arbeitnehmers zu berücksichtigen, es sei denn, dass ihrer Berücksichtigung dringende betriebliche Belange oder Urlaubswünsche anderer Arbeitnehmer, die unter sozialen Gesichtspunkten den Vorrang verdienen, entgegenstehen."

Ihr Träger hat also Ihren Wunsch hinsichtlich der zeitlichen Konkretisierung des Urlaubsanspruchs zu berücksichtigen. Dem ist er offenbar nachgekommen. Er ist ab diesem Moment daran gebunden. Bringt er sich selbst durch eine misslungene Urlaubsplanung in Schwierigkeiten, sind nicht Sie verpflichtet, hierfür geradezustehen.

Lediglich in absoluten Ausnahmefällen kann der Urlaub ohne ausdrückliche Vereinbarung der Arbeitsvertragsparteien einseitig verlegt werden. Auf Arbeitgeberseite ist hierbei vor allem an Katastrophenfälle oder an den plötzlichen Ausfall einer größeren Zahl von Arbeitnehmern zu denken, durch den die Erfüllung vertraglicher Pflichten gegenüber Eltern gefährdet wäre. Wenn also Ihr Träger Sie derart dringend braucht, dass ohne Ihre Anwesenheit praktisch die Kita bzw. sein Unternehmen zusammenbrechen würde, könnte er Ihren genehmigten Urlaub einseitig verlegen. Davon gehen wir nach Ihren Schilderungen jedoch nicht aus.

Unterstellen wir aber einmal das Vorliegen eines solchen absoluten Ausnahmefalls, so hat er bei der Auswahl der Mitarbeiterin/des Mitarbeiters, deren/dessen schon bewilligten Urlaub er aufzuheben gedenkt, ebenfalls die „sozialen Gesichtspunkte“ des § 7 Abs. 1, Satz 1 BurlG zu berücksichtigen. Dazu gehören u. a. die Urlaubsmöglichkeiten des Ehepartners/Lebensgefährten oder der Kinder, die bisherige Gewährung von Urlaub in beliebten Urlaubszeiten, Erholungsbedürftigkeit nach überobligatorischen Einsatz-Zeiten in der Vergangenheit, erstmaliger oder wiederholter Urlaub im laufenden Kalenderjahr u. ä.

Ihr Arbeitgeber muss im Rahmen dieser Abwägung seine Entscheidung begründen.

Nach dem, was Sie uns schildern, erscheint es durchaus möglich, dass Sie – ohne die Belange Ihrer Kolleginnen und Kollegen genauer zu kennen – besonders dringend auf Erholung angewiesen sind, um nicht selbst zu erkranken. Daher wäre Ihr Urlaubsanspruch vorrangig zu berücksichtigen.

Selbst wenn der Träger zu dieser Ausnahme-Maßnahme greifen sollte, hätte er zuvor andere, weniger in Ihre Rechte eingreifende Maßnahmen zu erwägen. Da vermutlich in den Pfingstferien auch einige Eltern Urlaub mit ihren Kindern machen werden, ist mit einer kleineren Kinderzahl als üblich zu rechnen. Er könnte außerdem prüfen, ob nicht mit einem entsprechenden Anschreiben an die Eltern die Kinderzahl während der Pfingstferien weiter reduziert werden könnte, so dass auch mit Minimal-Personal die Aufsicht gewahrt werden kann.

Vielleicht können Sie diese Situation auch nutzen, um mit Ihrem Träger über generelle Schließzeiten (z. B. im Sommer und über Weihnachten) in Form von Betriebsferien zu sprechen. Dann wäre regelmäßig Urlaub gesichert und Sie kämen voraussichtlich seltener in missliche Situationen wie die jetzt aufgetretene.

Übrigens: Es spielt keine Rolle, ob Sie eine Reise gebucht haben oder nicht. Entscheidet sich Ihr Arbeitgeber aus vertretbaren Gründen dafür, Ihnen den Urlaub zu „streichen“ und haben Sie deshalb (Storno-)Kosten, muss er auch den Ihnen daraus entstehenden Schaden ersetzen.

?

Darf ich als pädagogische Fachkraft Kinder, die zu mir in die Einrichtung kommen, in meinem eigenen Auto transportieren?

Letzte Woche war der Fall, dass die Vorschulkinder in die Schule gingen, um eine Schulstunde zu erleben. Ein Kind kam zu spät, die anderen waren bereits mit zwei Erzieherinnen zur Schule gelaufen und warteten auf den Schulbeginn. Da das Kind (es handelte sich um ein Flüchtlingskind, das sich seit Wochen schon auf die Schule freut) sehr traurig darüber war, nahm ich kurzerhand einen Kindersitz aus dem Kindergarten und brachte es in meinem eigenen Auto zur Grundschule (ca. 1 km entfernt). Zuvor hatte ich versucht, meinen Träger in der Gemeinde und die Gesamtleitung telefonisch zu erreichen, jedoch nahm auf die Schnelle niemand ab.

Ich weiß, dass die Eltern bei der Anmeldung unterschrieben haben, dass Sie damit einverstanden sind, dass an Ausflügen, Spaziergängen und anderen Aktivitäten nach vorhergehender Information ausnahmsweise Privatautos genutzt werden dürfen. Jedoch ist nicht näher erläutert, was „nach vorhergehender Information" bedeutet, und auch nicht, welche Privatautos bzw. welche Personen (Eltern, Erzieher) gemeint sind.

Auch werde ich mich bei der Gemeinde nochmals erkundigen.

!

Zur Beantwortung Ihrer Frage sollte zunächst geklärt werden, was Ihr Träger als Arbeitgeber Ihnen für Vorgaben macht beziehungsweise machen will. Denn der Träger schuldet die Leistungserbringung aus dem Betreuungsverhältnis gegenüber den Eltern. Daher ist es an ihm, die Art und Weise der Leistungserbringung durch ihn und seine Beschäftigten näher festzulegen.

Zwar wird der Transport von Kindern mit Privatautos nach Ihren Schilderungen nicht gänzlich ausgeschlossen. Gleichwohl scheint nach Ihren Schilderungen nicht hinreichend klar zu sein, ob sich dies auf Privatautos der Eltern und gleichermaßen auf die Privatautos der Beschäftigten beziehen soll. Es kann nämlich durchaus Gründe geben, warum ein Arbeitgeber nicht möchte, dass seine Beschäftigten mit ihren Privatautos Leistungsverpflichtungen des Trägers erbringen.

Davon abgesehen: Sie schildern, dass das Einverständnis der Eltern für einen Sachverhalt abgefordert wurde, der ausdrücklich eine „vorhergehende Information“ vorsieht. Augenscheinlich sollen damit Eltern in die Lage versetzt werden, gegebenenfalls ihren Widerspruch zum angedachten Transport zu erklären oder ihr Kind am betreffenden Tag gleich zu Hause zu lassen. Eltern könnten daher durchaus verstimmt sein, wenn ihnen durch einen eigenmächtigen Transport ohne Vorankündigung diese Möglichkeit zur Einflussnahme genommen wird. Schlussendlich ergeben sich für Ihren Träger bei einem plötzlichen, eigenmächtigen Transport noch ganz andere Probleme. Denn selbstverständlich obliegen dem Träger für die Ordnungsgemäßheit seiner Leistungserbringung, hier Transport, diverse Überwachungs- und Kontrollpflichten.

So wird er vor jedem Ausflug mit Privatautos gehalten sein, den Zustand dieser Autos zumindest mittels Sichtkontrolle zu überprüfen, sich von der Fahrfähigkeit und Fahrtüchtigkeit der angedachten Fahrer überzeugen müssen und schlussendlich zu kontrollieren haben, ob die vorgeschriebenen Kindersitze in erforderlicher Anzahl vorhanden und ordnungsgemäß installiert sowie die Kinder richtig angeschnallt sind. Bei einem eigenmächtigen Fahrantritt ohne vorherige Ankündigung wird ein Träger und für ihn z. B. eine Kita-Leitung dieser Verpflichtung nicht nachkommen können.

Im Fall eines fahrlässig durch Sie herbeigeführten Unfalls würden die Personenschäden zwar von der Unfallkasse übernommen werden, nicht jedoch etwaige Schäden an Ihrem Privatauto. Hier würde sich dann die Frage stellen, ob diese Schäden ganz oder anteilig von Ihrem Arbeitgeber zu tragen wären, was problematisch sein kann, wenn dieser von der Nutzung Ihres Privatfahrzeugs überhaupt keine Kenntnisse hatte. Davon abgesehen dürften, wie eben aufgezeigt, betroffene Eltern eine solche Vorgehensweise – auch wenn sie natürlich nur gut gemeint war – als Vertragsverletzung auffassen, da sie eben nicht zuvor informiert worden sind.

Wir können daher nur anraten, zukünftig, bis auf Notfälle, auf eigenmächtige Autofahrten mit Kindern zu verzichten oder hierfür auf konkrete Vorgaben durch Ihren Träger zu drängen. Gegebenenfalls müsste hierfür dann auch die Einverständniserklärung der Eltern angepasst werden.

?

Beim Sommerfest im Kita-Garten wurde ein Kind von einer Biene gestochen. Die Mutter bat um eine Pinzette, um den Stachel zu entfernen, aber eine Kollegin hat ihr mitgeteilt, dass wir in der Einrichtung keine haben, da wir ohnehin keine Insektenstacheln entfernen dürfen. Darüber gibt es jetzt Streit, da viele Eltern meinen, es sei unsere Pflicht, Stacheln und z. B. auch Zecken sofort zu entfernen.

Wie sieht es nun rechtlich aus – im Team sind wir uns alle einig, dass dies nicht zur medizinischen Erstversorgung gehört, sondern ein sogenannter medizinischer Eingriff ist.

Und wie ist das bei Zecken? Sollen, müssen oder dürfen wir diese entfernen?

!

Eine Pinzette und eine Zeckenkarte oder -zange sollten Sie auf jeden Fall in Ihrer Einrichtung griffbereit im Erste-Hilfe-Koffer haben. Das einmal vorweg.

Ansonsten teilen wir Ihre Einschätzung, dass das Entfernen eines Insektenstachels oder einer Zecke nicht mehr zum Bereich der medizinischen Erstversorgung gehört und zugleich ein körperlicher Eingriff ist, der der Einwilligung des Kindes selbst bzw. seiner Eltern bedarf. Das heißt für Sie: Sie müssen keinen Stachel oder blutsaugende Spinnentiere entfernen, wenn Sie das nicht wollen.

Für den Fall, dass Sie sich dagegen entscheiden oder von den Eltern keine Einwilligung erteilt wird, muss unbedingt ein Ablaufplan mit den Eltern vereinbart werden. Dieser sollte in der Regel damit beginnen, dass Sie die Eltern schnellstmöglich telefonisch o. ä. informieren, damit diese dann in die Einrichtung kommen und dort selbst die notwendige „Operation“ vornehmen können. Bis dahin kühlen Sie bitte die Stelle um den Insektenstich herum. Hausmittel – wir werden immer wieder nach der „Zwiebel“ gefragt, die bei Stichen wohl lindernde Wirkung haben soll – sollten Sie auch nur dann verwenden, wenn dazu eine Einwilligung der Eltern vorliegt. Bitte klären Sie auch ab, ob es Unverträglichkeiten bezüglich eines Desinfektionsmittels gibt. Auch sollten Sie ausdrücklich darauf hinweisen, dass die Erzieher diesbezüglich keine gesonderte medizinische Ausbildung erhalten haben, um Fehlvorstellungen über die Kompetenzen bei den Eltern zu vermeiden.

Und: Bitte vergessen Sie nicht, die Zeckenentfernung in das Unfallbuch einzutragen. Sie sichern dem Kind im Falle der Erkrankung nach einer Infektion die bestmöglichen Rehabilitationsmaßnahmen.

Bei Stichen in den Mund-Rachen-Raum und allergischen Reaktionen rufen Sie bitte immer den Rettungsdienst.

Haben Sie genügend Fachkräfte im Team, denen kleinere medizinische Eingriffe leicht von der Hand gehen, und liegt Ihnen die Einwilligung der Eltern vor, können Zecken und Stacheln vor Ort entfernt werden. Je schneller dies passiert, desto besser, denn bekanntlich steigt das Risiko, dass die Zecke die sich in ihrem Darm befindlichen Borrelien-Bakterien auf den Menschen überträgt, mit jeder Minute. Das Risiko der Infektion mit Frühsommer-Meningo-Enzephalitis ist bereits mit dem ersten Biss verwirklicht, da die FSME-Viren sich in den Speicheldrüsen der Zecke befinden.

Bei der Entfernung sollte auf Folgendes geachtet werden:

- Zecke sobald wie möglich nach Entdeckung entfernen und vorher nicht berühren, quetschen o. ä. – das sollten auch die Kinder wissen!
- Fachwerkzeug wie Zeckenzange oder Zeckenkarte verwenden.
- Sollte die Entfernung nicht vollständig gelingen, also Rückstände in der Haut bleiben, umgehend einen Arzt aufsuchen und diese dort entfernen lassen.

Die Entfernung sollte durch folgende Schritte abgeschlossen werden:

- Einstichstelle mit einem Stift einkreisen (Inkubationszeit für FSME liegt bei maximal 28 Tagen, bei Borreliose bei bis zu mehreren Monaten).
- Zecke im Glas aufbewahren und Eltern übergeben.
- Benachrichtigung der Eltern.
- Eintrag der Maßnahme in das Verbandbuch.

Sie und Ihr Team brauchen nach geleisteter Hilfe auch keine Angst vor (haftungs-)rechtlichen Konsequenzen haben. Sollte es durch die Maßnahme tatsächlich zu einem Schaden kommen (z. B. zu einer Entzündung, weil der Zeckenkopf stecken bleibt), gilt dies als Versicherungsfall für die Gesetzliche Unfallversicherung im Sinne der §§ 7 und 8 SGB VII und führt dazu, dass das Kind und seine Angehörigen keine weiteren Ansprüche (wie etwa Schmerzensgeld oder Verdienstausfall) gegen Sie oder den Träger geltend machen können (§§ 104, 105 SGB VII).

Nur wenn Sie gar nichts tun, also nicht einmal das, was auf der Hand liegt, und damit grob fahrlässig handeln, könnte die Unfallversicherung prüfen, ob die Kosten der Behandlung ggf. von Ihnen zu erstatten wären. Das ist aber wirklich sehr, sehr unwahrscheinlich.

Im Sinne der Kinder können wir Ihnen daher nur empfehlen, Zecken weiter selbst zu entfernen. Sollte sich im Einzelfall mal ein Elternteil aufgebracht zeigen, ziehen Sie – hoffentlich entspannt vom Tag im Wald und wohlwissend, dass Ihnen rechtlich keiner kann – eine Ausgabe des SGB VII, die Ihr Träger bereit hält, hervor und bitten die Eltern vor weiteren Vorwürfen um Lektüre der §§ 7, 8, 104 und 105 SGB VII.

Mit diesen Maßnahmen erleben Sie hoffentlich einen goldenen Herbst in Ihrer Kita und auf Ausflügen!

Gerade klebte ich in die selbstgebastelte Sankt-Martins-Laterne eines Kindes ein Teelicht, da kam mein Vorgesetzter – der Träger der Einrichtung – herein und verbot mir dies.

Er sagte, er möchte nicht, dass in der Kita oder auf dem Gelände der Kita mit Feuer experimentiert wird. Auch als ich ihm als Einrichtungsleitung erklärte, dass ich es für pädagogisch wichtig erachte, Kindern den Umgang mit Feuer beizubringen – altersentsprechend und mit Aufsicht –, ließ er nicht mit sich reden. Ich finde es aber aus pädagogischer Sicht nicht richtig, immer nur LED-Lichter anzuknipsen und auf den beliebten Adventskranz zu verzichten.

Ich möchte gerne nochmal mit meinem Träger in Ruhe darüber sprechen und deshalb meine Frage: Wie sieht hier die Rechtslage aus? Dürfen noch echte Kerzen oder gar ein Sankt-Martins-Feuer auf dem Kita-Gelände gezündet werden?

Was sollte generell zum Thema Brandschutz in Kitas beachtet werden?

Die Frage bietet uns Gelegenheit, zu ein paar grundlegenden Begriffen wie der Aufsichts- bzw. Verkehrssicherungspflicht und natürlich zur Haftung und Brandschutzerziehung Stellung zu nehmen.

Wenn Sie Ihren Vorgesetzten überzeugen wollen, müssen Sie natürlich wissen, was ihn zu seiner Abwehrhaltung bewegt. Das ist sicherlich in erster Linie die Sorge um das Wohl der Kinder. Hinzu kommt vermutlich eine diffuse Angst vor drohenden Schadensersatzansprüchen verletzter Kinder.

Beide Aspekte sind ernst zu nehmen, aber Sie können mit folgenden Argumenten seine Bedenken reduzieren.

Mit dem Betreuungsvertrag übernimmt bekanntlich der Träger die den Eltern obliegende Aufsicht über ihre Kinder (§ 1631 Abs. 1 BGB, § 831 BGB), die dann durch Sie und Ihr Team in persona ausgeübt wird. Sie übernehmen aber nicht nur die Aufsicht, sondern auch und vor allem die Förderung der Kinder. Dies umfasst das Heranführen und Bekanntmachen mit den Elementen und der Außenwelt im Allgemeinen und das Ermöglichen eigener Erfahrungen. Da den Gerichten dieses Spannungsfeld zwischen Förder- und Schutzauftrag bekannt ist, wird von Ihnen nichts Unmögliches verlangt und es kommt in nur sehr, sehr wenigen Fällen überhaupt zur Verurteilung von pädagogischen Fachkräften wegen einer Verletzung der Aufsichtspflicht. Es wird von Ihnen lediglich verlangt, das zu tun, „was ein *verständiger* Aufsichtspflichtiger nach *vernünftigen* Anforderungen im *konkreten* Fall unternehmen muss, um Schädigungen Dritter durch das Kind oder des Kindes selbst zu verhindern."

Nicht mehr und nicht weniger. Es ist, wie wir in unserem Seminaren immer wieder betonen, ein dringender Appell an Ihr Bauchgefühl.

Im Falle der Laternen und des Sankt-Martins-Feuers kommt noch ein weiterer Begriff ins Spiel, den Sie kennen müssen: die *Verkehrssicherungspflicht*. Das heißt, Sie müssen ebenso dafür sorgen, dass „die von einem Gegenstand ausgehende *Gefahr* nach den Erwartungen des jeweiligen *Verkehrs* im Rahmen des *Zumutbaren* von *Dritten* abgewendet wird, sofern *bestimmungsgemäßer* Gebrauch vorliegt."

Ihre Aufgabe ist es also, die von den Kerzen bzw. dem Feuer ausgehende Verletzungs- und Sachschadengefahr so weit wie möglich einzuschränken. Auch in diesem Rahmen wird nichts Unmögliches von dem Träger bzw. Ihnen als ausführendem Organ erwartet, sondern letztlich nur das, was jeder vernünftig denkende Mensch tun würde.

Ich bin sicher, dass das auch für Sie bedeutet,

1. niemals Kinder allein mit brennenden Kerzen oder unbeaufsichtigt mit den Laternen zu lassen;
2. Kerzen nicht in der Nähe von leicht entzündlichen Materialien zu verwenden;
3. Kerzen sicher aufzustellen;
4. Feuerlöscher und eine Löschdecke in greifbarer Nähe zu haben;
5. den Umgang mit dem Feuer, hier v.a. die Handhabung der Laternen, mit den Kindern immer wieder zu besprechen *und zu üben;*

Die Unfallkassen bieten hierfür hilfreiches Material an, zum Teil in Kooperation mit anderen Organisationen (z. B.: mitfeuerspielen.de). Konkret würden wir Ihnen empfehlen:

- Nehmen Sie keine Teelichter für die Laternen, sondern spezielle Lampion-Kerzenhalter; das Wachs der Teelichter ist in kurzer Zeit flüssig und die Flamme hat keinen richtigen Halt mehr.
- Sprechen Sie Ihre Feuerwehr an und erkundigen Sie sich nach Veranstaltungen zur Brandschutzerziehung. Dort wird oft mehr

gezeigt als das Verhalten im Notfall und es ist in der Regel ein echtes Highlight für Ihre Kinder.

- Weisen Sie die Eltern darauf hin, dass die Aufsicht bei ihnen liegt, wenn sie am Laternenumzug teilnehmen und sich anschließend am Sankt-Martins-Feuer aufwärmen, auch wenn das eine Kita-Veranstaltung ist.
- Bestimmen Sie eine oder mehrere Personen, gern auch Eltern, die sich durchgehend für das Feuer verantwortlich fühlen, Holz nachlegen und für den gebührenden Abstand sorgen.
- Weisen Sie die Eltern in einem Elternbrief darauf hin, dass sie ihren Kindern am besten schwer entzündliche Kleidung anziehen.

Es ist sicherlich beruhigend zu wissen, dass auch hier der Schutz der Unfallkasse den Kindern, Ihnen und Ihrem Team sowie sogar den in den Ablauf eingebundenen Eltern zur Seite steht.

Sollten Sie Ihre Veranstaltung in dieser Weise vorbereiten, wird die Gefahr eines Schadens und auch die Haftung des Kita-Trägers bzw. die der pädagogischen Mitarbeiter so weit wie möglich ausgeschlossen.

Denn wenn Ihnen und Ihrem Team angesichts der guten Vorbereitung kein Vorwurf gemacht werden kann, scheidet zum einen der Rückgriff der Unfallkasse gegenüber Ihnen aus und zum anderen sind weitere Ansprüche von Eltern (wie z. B. Schmerzensgeld) wegen der Regelungen in §§ 104, 105 SGB VII ausgeschlossen.

Der Brandschutz in Kitas ist natürlich ganz allgemein von besonderer Wichtigkeit. Er soll daher vorbeugend durch die sogenannte Brandverhütungs- oder auch Brandsicherheitsschau gewährleistet werden. Inhalt dieser Brandsicherheitsschau ist dabei die Beurteilung von Zuständen und Maßnahmen im Brandschutz, die im Brandfall die Rettung von Leben gefährden, die Entstehung und Verbreitung von Bränden begünstigen oder die Brandbekämpfung erschweren (so zum Beispiel sinngemäß § 1 Abs. 2 BrSiVO Sachsen-Anhalt).In anderen Bundesländern gibt es ähnliche Regelungen in den Brandschutzgesetzen oder entsprechenden Verordnungen.

Für Träger ergibt sich deshalb schon zur Vermeidung der Haftung infolge eines Organisationsverschuldens für jede einzelne Einrichtung folgender, nichtabschließender Katalog an Fragen:

1. Liegt ein Brandschutzkonzept/eine Brandschutzordnung mit Alarmplan für die konkrete Einrichtung vor?
2. Ist das Brandschutzkonzept aktuell oder infolge von Umbauten, Renovierungen oder Raum- und Konzeptänderungen generell oder temporär überholt?
3. Sind das Brandschutzkonzept und der Alarmplan allen Beschäftigten, auch etwaigen neuen Kollegen bei Arbeitsbeginn, hinreichend bekannt?
4. Wann ist die letzte Brandschau bzw. Brandschutzbegehung oder Übung zusammen mit der Feuerwehr durchgeführt worden?
5. Sind Alarmübungen (Probealarm) mit Räumung der Kita in Eigenregie in Anwesenheit der Kinder regelmäßig (2x jährlich!) durchgeführt worden?
6. Ist der Alarmplan auch im Vertretungsfall oder bei urlaubs- oder krankheitsbedingter Abwesenheit bestimmter Beschäftigter durchführbar?
7. Sind die Kinder über das Verhalten im Notfall aufgeklärt worden (Stichwort: Brandschutzerziehung)?
8. Ist der Sammelpunkt allen bekannt?
9. Ist der Sammelpunkt auch über längere Zeit und gegebenenfalls bei Schnee, Regen und Kälte nutzbar?
10. Gibt es zusätzlich unfallversicherungsrechtliche Vorgaben, die zu beachten sind?
11. Ist der Feueralarm/der Notfallalarm in der gesamten Einrichtung zu hören?
12. Ist der Feueralarm/der Notfallalarm als Signal für alle Beschäftigte und Kinder erkennbar?
13. Funktioniert der Feueralarm/Notfallalarm auch bei Stromausfall?
14. Sind die Brandschutz- und Rettungstüren funktionsfähig?
15. Sind die Notausgänge und Rettungswege ordnungsgemäß gekennzeichnet?
16. Sind die Rettungstüren in Fluchtrichtung zu öffnen?
17. Ist die Rettungstür, die im Kita-Alltag elektrisch (durch einen „Summer“ etc.) zu bedienen ist, bei Stromausfall auch manuell zu öffnen?
18. Sind die Notausgänge und Rettungswege kindgerecht (Höhe, Verständlichkeit! Auch bei Rauchentwicklung von geringerer Höhe aus sichtbar?) gekennzeichnet?

19. Sind die Notausgänge und Rettungswege benutzbar, d. h. nicht etwa dauerhaft oder temporär (Kinderwagen, Fahrräder) verstellt?
20. Sind die Notausgänge und Rettungswege auch für nicht gehfähige Personen – z. B. für junge Kinder aus der Krippe! – benutzbar oder werden für diese Hilfsmittel wie Krippenwagen und Karren benötigt?
21. Sind die Notausgänge und Rettungswege nicht etwa mit leicht entflammbarem Material dekoriert?
22. Sind die Treppenräume „brandlastfrei" gehalten, d. h. ohne Möbel oder entflammbaren Dekorationen?
23. Sind Hochebenen und Spiellandschaften im Räumungsfall leicht einsehbar? Falls nicht: Ist im Alarmplan hervorgehoben, dass diese Bereiche gesondert kontrolliert werden müssen? Achtung: (Klein-)Kinder verstecken sich oftmals eher vor der Gefahr als vor ihr zu flüchten!
24. Sind die Brandschutz- und Rettungstüren auch mit dem vollen Öffnungswinkel nutzbar oder etwa mit Mobiliar verstellt?
25. Sind ausreichend Feuerlöscher und Löschdecken in der Einrichtung?
26. Sind diese Feuerlöscher einsatztauglich und regelmäßig (Achtung kurze Prüfintervalle von maximal 2 Jahren! Im Einzelfall sogar kürzer!) gewartet?
27. Funktionieren die Rauchmelder?
28. Funktionieren die Brandmeldeanlagen?
29. Funktionieren etwaige Sicherheitsstromversorgungen und Sicherheitsbeleuchtungen?
30. Ist die Feuerwehrzufahrt gekennzeichnet, tragfähig, jederzeit benutzbar oder etwa durch Mülltonnen, angekettete Fahrräder oder Kinderwagen oder gar parkende Autos versperrt?
31. Ist die Löschwasserentnahmestelle gekennzeichnet und jederzeit zugänglich?
32. Kann im Alarmfall die Vollzähligkeit der anvertrauten Kinder und Beschäftigten am Sammelpunkt festgestellt werden?
33. Entsprechen später hinzugekommene Einbauten in der Einrichtung, gegebenenfalls auch die in „Eigenregie" von Eltern errichteten, den Anforderungen der Landesbauordnungen?

Weiter gilt es im Vorgriff auf die herbstliche und vorweihnachtliche Zeit unter Umständen zu bedenken:

34. Sind Löschdecken und ein gefüllter Wassereimer bei Umgang mit offenen Feuer (Kerzen, Lagerfeuer, Laternenumzug) griffbereit?
35. Kann Funkenflug beim Lagerfeuer das Gartenhäuschen, die Bastelarbeiten, Dekorationen oder Kinder-Verkleidungen/-Kostüme etwa in Brand setzen?
36. Haben elektrische Lichterketten oder andere elektrische Geräte in der Kita das CE-Zeichen und GS-Zeichen?
37. Sind die Lichterketten mit einem Transformator ausgerüstet?
38. Ist die Lichterkette nach der letztjährigen Verwendung immer noch in einwandfreiem Zustand?
39. Können abgedunkelte Lampen im Schlafraum oder beim Geschichten-Vorlesen durch Hitzeentwicklung in Brand geraten?

Die obige Aufzählung kann in Anbetracht der vielfältigen Einzelfälle natürlich nicht abschließend sein, sondern soll als erster Hinweis auf die wohl gängigsten Aspekte beim Brandschutz dienen. Vor diesem Hintergrund ist ebenso wichtig zu beachten:

40. Ist die Überprüfung der Einrichtung in Hinblick auf den Brandschutz, etwaige erforderlich gewordene Änderungen, die Belehrung der Beschäftigten und Unterweisung der Kinder sowie das Abhalten von Übungen hinreichend schriftlich dokumentiert?

Wenn der Brandschutz hinreichend beachtet wurde, dürfte auch der herbstlichen und vorweihnachtlichen Stimmung in der Kita nichts mehr im Wege stehen.

Erstveröffentlichung in: klein&groß, © Cornelsen Verlag GmbH, München

Kolumne	*Ausgabe*
Sorgerecht von getrennt lebenden Eltern (2)[4]	02-03/2014
Tägliche Arbeitszeit und Rauchen in der Kita[5]	04/2014
Vorgehen gegen unwahre Behauptungen von Eltern	04/2014
Beginn der Aufsichtspflicht, zu spätes Abholen	05/2014
Kinder, die alleine nach Hause gehen	05/2014
Schwangere Mitarbeiterin, Kostenübernahme Impfungen	06/2014
Arztbesuch während der Arbeitszeit	07-08/2014
Eltern in Scheidung – wer darf abholen?	07-08/2014
Krankes Kind in der Kita	09/2014
Mitgebrachtes Essen von Eltern	10/2014
Begleitung beim Ausflug – Aufsichtspflicht	11/2014
Läuseverdacht	12/2014
Verlust eines teuren Spielzeugs	01/2015
Sorgerecht von getrennt lebenden Eltern (1)	01/2015
Beißen in der Krippe	02-03/2015
Unpünktliches Abholen	04/2015
Kennzeichnung von Zutaten in mitgebrachten Lebensmitteln	05/2015
Beschädigung von Spielmaterial	06/2015
Aufsichtspflicht im Kinderhaus bei einer großen Altersmischung	07-08/2015
Beunruhigende Beobachtungen	09/2015
Herausforderungen mit Mitarbeitern	10/2015
Brandschutz[6]	11/2015 und 11/2016
Beschädigung eines Autos	12/2015

4 Im Magazin unter dem Betreff „Elterliche Sorge getrennt lebender Eltern"
5 Im Magazin unter dem Betreff „Lage der täglichen Arbeitszeit, Rauchen in der Kita"
6 Zwei Kolumnen zum Thema Brandschutz wurden hier zusammengeführt.

Inklusion[7]	01/2016
Fotografieren	02-03/2016
Erste Hilfe in der Kita	04/2016
Recht auf genehmigten Urlaub	05/2016
Burka in der Kita	06/2016
Vermietung von Kita-Räumen	07-08/2016
Probearbeiten in der Kita	09/2016
Bienenstiche und Zecken[8]	10/2016
Praktikanten	12/2016
Winterliche Aktionen	01/2017
Mitarbeiter-Vorschriften	02-03/2017
Zukünftige Schulkinder	04/2017
Sexualpädagogik/Schutzauftrag[9]	05/2017
Besuche in Park & Wald	06/2017
Kündigung einer Mitarbeiterin	07-08/2017
Befördern von Kindern im eigenen Auto	09/2017
Babyphone im Schlafraum	10/2017
Herausgabe von Daten an Eltern	11/2017
Wetterangepasste Kleidung	12/2017
Erkrankung von Mitarbeitern	01/2018
Zugewanderte Familien	02-03/2018
Alkoholisierte Abholperson	04/2018
Aufsichtspflicht	05/2018
Beziehungen zwischen Eltern und Erzieher	06/2018
Arbeitszeugnis in der Kita	07-08/2018
Vorbereitungszeit	10/2018
Datenschutz[10]	11/2018

7 Im Magazin unter dem Betreff „Fragen zu Mitarbeitern"

8 In diese Kolumne flossen Absätze aus der gesondert erschienenen Kolumne „Zecken" der Ausgabe 09/2018 mit ein.

9 Im Magazin unter dem Betreff „Mitarbeiter-Vorschriften"

10 Die Kolumne „Einsicht in Buchführungsunterlagen" der Ausgabe 02-03/2014 wurde hier integriert.

Lars Ihlenfeld | Holger Klaus
Dienstanweisungen für Kindergarten, Krippe und Hort
2017, 178 Seiten, broschiert
ISBN: 978-3-7799-3305-2
Auch als E-BOOK erhältlich

Eine Arbeits- oder Dienstanweisung ist eine verbindliche mündliche, schriftliche oder digitale Äußerung der übergeordneten Stelle (Leitung oder Träger), die das Verhalten und Handeln der Mitarbeitenden bestimmt. Anhand zahlreicher Beispiele zeigen die Rechtsanwälte, wie Routineabläufe in Kindergarten, Krippe und Hort in Form einer Anweisung standardisiert dargestellt werden können. Das schafft Sicherheit und mehr Raum für pädagogische Kreativität.

Themenfelder sind unter anderem: Übergaben sicher gestalten – Elterngespräche souverän führen – Umgang mit Beschwerden – Kinderschutzfälle (§ 8a-Verfahren) – Festgestaltung – Ausflugsplanung, zum Beispiel in den Wald, das Schwimmbad oder Theater. Das Praxisbuch bietet hierzu 95 Mustertexte sowie die rechtlich notwendigen Hintergrundinformationen.

www.beltz.de
Beltz Juventa · Werderstraße 10 · 69469 Weinheim